SCIENCE TRAVEL GUIDE
科学导游指南

丛书主编　陈安泽

匡存强　陈　飞　汪元刚　刘　超　编著

上海科学普及出版社

图书在版本编目（CIP）数据

思南科学导游指南/匡存强等编著.——上海：上海科学普及出版社，2013

（中国国家地质公园丛书）
ISBN 978-7-5427-5623-7

Ⅰ.①思…Ⅱ.①匡…Ⅲ.①旅游指南—思南县Ⅳ.①K928.973.4

中国版本图书馆CIP数据核字（2012）第279703号

责任编辑：胡　伟
封面设计：李　军

中国国家地质公园丛书
思南科学导游指南

匡存强　陈　飞　汪元刚　刘　超　编著
上海科学普及出版社出版发行
（上海中山北路832号　邮政编码200070）

各地新华书店经销　上海豪杰印刷有限公司印刷
开本889×1194　1/32　印张4.375
2013年7月第一版　2013年7月第一次印刷
ISBN 978-7-5427-5623-7　定价：24.00元

丛书主编

陈安泽
著名旅游地学专家、中国地质科学院研究员

本书编辑委员会

顾　　问// 郭　强 田　稼 王红梅 王砚耕
主　　任// 李树新
副 主 任// 刘云成 张雪松
委　　员// 冉亚江 张延高 黄　辉 阎玉金 方　宁 樊建华
主　　编// 石春光
副 主 编// 符开俊 刘明信
编　　著// 匡存强 陈　飞 汪元刚 刘　超
图片提供// 思南县文体广电旅游局
　　　　　思南摄影家协会

主编的话

地质公园（Geopark）是21世纪涌现出来的一项新生事物，是地质工作开拓服务领域的一项创举，是旅游业的一个新品牌。顾名思义，地质公园是以地质遗迹为主要观赏、游览对象的公园。地质遗迹听起来似乎有些陌生，其实自然界的山山水水、古生物化石等都属于地质作用形成的地质遗迹，那些以真山真水构成的自然公园，都属于地质公园的范畴，只不过在21世纪之前没有正式命名罢了。值得特别提出的是，建立地质公园的思想是中国旅游地学家率先提出的，地学家在20世纪70年代末期中国蓬勃兴起的旅游业服务中受到启发，为了保护地质遗迹和为旅游业提供具有地学知识含量的旅游场所，于1985年先后向国务院和原地质矿产部提出建立"地质公园"、"国家地质公园"的建议，因当时时机尚不成熟而未能正式实现。20世纪末，联合国教科文组织提出了建立"世界地质公园网络（Unesco Network of Geoparks）"的倡议，中国旅游地学家抓住这个机遇，于1999年向国土资源部提出建立地质公园的建议，国土资源部接受了建议，决定开展中国国家地质公园计划。2000年末，云南石林等中国首批国家地质公园诞生，这也是世界上第一次出现"国家地质公园"。到2011年止，中国已建成140处国家地质公园，另有60处获得了建设国家地质公园资格，正在积极建设中。在中国及欧洲推动下，2004年世界地质公园正式面世，现今中国已有26处地质公园成为联合国教科文组织"世界地质公园网络"成员，并有大批省级地质公园建立。在短短的十几年中，一个管理级别有序、地质景观类型多样、地理分布面广的中国地质公园体系已初步建立，地质公园已成为最受欢迎的旅游对象之一，并展现了光明的发展前景。

地质公园担负着三项主要任务：第一，保护自然环境，保护地质遗迹；第二，开展普及地球科学知识，促进全民族科学素质的提高；第三，开展旅游活动，促进地方经济社会可持续发展。地质公园中不但含有各种具有特殊科学价值和美学价值的地质地貌景观，同时往往含有其他重要价值，如人文景观和丰富多彩的生物、气象景观。游人在地质公园中，不但可以欣赏到山水美景，享受到优良的生态环境，还可以在游览中顺便获得许多地学、生物学和历史文化知识，增加游兴，获得高层次的精神享受。

但是，由于山水形成的道理较为深奥，许多游人在游山玩水中想获得这些知识却缺乏途径。为了把地质公园内涵丰富的科学价值、美学价值和历史人文等信息更好地传递给公众，使游人在欣赏山川美景、享受自然风光的同时，能够获取科学知识、感悟历史文化熏染，我们在各级国土资源部门和各地质公园的支持下，组织了国内著名的旅游地学专家，编纂了这套《中国国家地质公园丛书》。截止2011年已出版了庐山、五大连池、黄山、张家界等9种，受到了读者的热烈欢迎，也极大地鼓舞了编写人员的创作热情。自2012年起，对丛书进行改版，将国家地质公园按批准顺序编号，加快出版各地质公园单行本，并按惯例将各省按序编卷，出版各省、市国家地质公园丛书分卷本。

丛书以国家地质公园为单位，从科学导游的角度，深入浅出、图文并茂地阐述各地质公园中各类地质地貌景观的形成演变、发展过程，同时还系统地介绍公园其它自然和人文景观，使科学和人文融为一体，还把各种景物按园区和旅游线路组织起来，方便读者阅读使用。另外，书中也介绍了公园周边风景名胜及去地质公园时如何安排吃、住、行、游、购、娱等实用信息，对自助旅游可以起到较好的指导作用。本丛书是了解中国自然山水、人文历史的知识宝库，具有重大的收藏价值。

衷心感谢王艳君等同志、各位作者、上海科学普及出版社等在编辑出版过程中的尽力协助。

陈安泽
2012年5月

目录
CONTENTS

纵览思南　　　　　　　　1
2 — 乌江舶来的城市
9 — 百里乌江画廊，秀美石林公园
17 — 武陵山深处的桃花源
22 — 最美民族风

地质历史　　　　　　　　27
28 — 区域地质背景
35 — 地质演化史
38 — 典型地质遗迹

人文历史　　　　　　　　45
46 — 历史沿革
50 — 思南民俗
54 — 多彩的民间艺术

旅游思南　　　　　59

60 — 思南石林景区

70 — 文家店—荆竹园景区

76 — 思林黑河峡景区

80 — 岑头盖—四野屯景区

85 — 鹦鹉溪温泉景区

88 — 板桥郝家湾景区

90 — 思唐古山城景区

思索思南　　　　　99

100 — 思南岩溶地貌是如何形成的

107 — 乌江峡谷是如何形成的

111 — 思南岩溶泉瀑是如何形成的

旅游资讯　　　　　115

116 — 行　　　118 — 住

120 — 吃　　　122 — 游

124 — 购　　　127 — 娱

中国国家地质公园丛书编制出版编目

纵览思南

乌江舶来的城市
百里乌江画廊，秀美喀斯特公园
武陵山深处的桃花源
最美民族风

乌江舶来的城市

> 思南历史悠久，源远流长。汉末置县，元设宣慰司，明清建府，民国设专员公署。县、司、府、署历经2000多年。由于乌江航运之便，思南自古商贾云集，经贸繁荣，是乌江中下游地区商品集散地，政治经济文化中心，为贵州开发最早的县份之一，素有"黔东首郡"之称。

思南县位于黔东铜仁市西部，地处武陵山腹地，乌江中下游，位于乌江流域的中心地带，东与国家级自然保护区梵净山毗邻，南与泉都石阡县接壤，西与历史名城遵义相接，北经乌江至涪陵达重庆，是贵州高原向湘西丘陵过渡的大斜坡地带的北部边缘，是巴、楚文化的分界线。全县地域面积2230.5平方千米，辖13个镇、14个民族乡，即思唐镇、塘头镇、许家坝镇、大坝场镇、文家店镇、鹦鹉溪镇、合朋溪镇、张家寨镇、孙家坝镇、青杠坡镇、瓮溪镇、凉水井镇、邵家桥镇、大河坝土家族苗族乡、思林土家族苗族乡、东华土家族苗族乡、

▶ 思南在中国的位置
▼ 黔东首郡，山城小重庆

SINAN | 思南

胡家湾苗族土家族乡、宽坪土家族苗族乡、亭子坝土家族苗族乡、枫芸土家族苗族乡、香坝苗族土家族乡、长坝苗族土家族乡、板桥苗族土家族乡、三道水土家族苗族乡、天桥土家族苗族乡、兴隆土家族苗族乡、杨家坳苗族土家族乡。总人口68万,是一个汉、土家、苗、亿佬、蒙古等17个民族聚居的地方。

　　思唐镇,古称水特姜、水德江,历为司、府、县署驻地,是全县政治、经济、文化中心,享有黔东首郡之美誉。乌江从南向北纵贯全境,将思唐分割成东西两半,东属武陵山系,西为大娄山余脉。东南、西南高,北面稍低,形成倾椅型。境内山峦重叠,群山起伏,东面的万胜屯山海拔927.5米,西面的五老峰山,海拔885

米,最低点为北面的冷溪。思南山城历史悠久。从南北朝至唐,几次在此置"费州"。以后,思南宣慰司、蛮夷官司、安化县(今德江县)曾均设治所于此。这里古迹甚多,自古就有"圣岭春耕"、"德江晚渡"、"中和夏绿"、"仁寿秋高"、"五老撑云"、"鹭洲泛月"、"雁塔标霞"等景观。

思南历史悠久,源远流长。得乌江航运之便,自古商贾云集,经贸繁荣,是乌江中下游地区的商品集散地,政治经济文化的中心,为贵州开发最早的县之一,素有"黔东首郡"之称、"乌江明珠"之誉。

乌江,中国贵州省第一大河,长江上游右岸支流,又称黔江。发源于省境威宁县香炉山花鱼洞,流经黔北及渝东南,在重庆市涪陵区注入长江,干流全长1037千米,流域面积8.792万平方千米。六冲河汇口以上为上游,汇口至思南为中游,思南以下为下游。乌江水系呈羽状分布,流域地势西南高,东北低,流域内喀斯特地貌发育完整。地形以高原、山原、中山及低山丘陵为主。由于地势高差大,切割强,自然景观垂直变化明显。以流急、滩多、谷狭而闻名于世,号称"天险"。武陵山盘踞在湘、黔、鄂、渝四省市边境,属云贵高原云雾山的东延部分,山系呈北东向延伸,弧顶突向北西,新华夏构造带之隆起部分。武陵山为我国第二阶梯与第三阶梯过渡带,海拔1000米左右,乌江和沅江、澧水分水岭。主峰梵净山,海拔2494米。武陵山在构造上属扬子准地台武陵山褶皱带北部，古生代末期沉积了厚达500多米的滨海相碎屑物，其中主要是泥盆纪石英砂岩。这种岩石质地坚硬，胶结致密，产状平缓，垂直节理发育。乌江干流纵贯思南县境，把武陵山脉与大娄山脉分割开来，地表流水切割及物理、生物风化，形成了奇妙的峡谷、方山、石峰、石墙、石柱等多种地形，构成独特的喀斯特地貌，形成一道天然迷人的风景线。

早在新石器时期，思南就有人类生息、繁衍。他们以乌江及其主要支流岩头河、黑鹅溪河、石阡河之沿岸为主要栖息地，过着渔、猎、牧、农的生活，因而乌江便成了思南先民的母亲河。特别是在陆路交通极为不便的时候，水上运输便成了主要交通手段。思南，由于很早就享利于乌江，而成为贵州历史上开发较早，商贸繁荣、文教发达、人才辈出之地，并且在黔东北一带一直处于中心地位。楚威王时（公元前339年至公元前329年），贵州境内的且兰国（福泉一带）实力相当雄厚，东边的楚国要到西边的滇国（云南）去，常被其阻隔（史载"常隔滇道"）。于是楚威王便派将军庄蹻巴、黔中以西之地，经且兰、夜郎而达于滇，是循乌江而上。从乌江入长江处的涪陵上至大乌江之间，唯有思南坐落在乌江岸边，于是思南自然就成了乌江的一个重

◀ 乌江天险
▲ 壮丽秀美的武陵山区
▲ 水是大自然的艺术家，塑造了奇美的深切峡谷地貌
▼ 两江口晨曦

▲ 金秋映思南
▼ 思南美丽之夜

要水码头。明嘉靖《思南府志》（1536年）中叙述乌江下游黎芝滩时，曰："则有大崖，上有光芒如匹练焉，舟过此而光现者，即水波不兴，否则，有覆没之患。"可见乌江通航早在明以前便成定势了。当然，那时的乌江由于几个险滩的阻隔，尚不能全程通畅，只能是滩上、滩下分船往复接运。明嘉靖十八年（1539年）十月，思南人田秋任四川按察使时，条敕川、贵两台使上疏曰："贵州自开设以来，江流阻塞，盐利不得入贵，官民两病。"朝廷敕两台使对乌江"凿壅疏流，传檄谕商，货盐入贵者赏，民皆乐趋，往来不绝，岁获千百之税"。从此，乌江航运有了新的发展，特别是川盐及两广的日用商品便源源不断地进入贵州，进入黔东，思南成了黔东北川盐集散地和日用品批发中心。最初到思南经商的主要是江西人。明嘉靖《思南府志》以"商贾辐凑"来形容当时商贸频繁的景象。特别是到了清代，近代工业在我国尤其是在沿海地区有了萌芽，民用品的生产能力有所提高，这些产品不断地进入内地市场，因而内河航运也随之繁忙起来，在这种形势下，思南在黔东北的商贸中心地位就越加显得突出。清道光《思南府续志》对此作了如下记载："商之由陕、由江至者。边引蜀盐、陕人主之。棉花布匹、江人主之。其盐自蜀五洞桥盐井运涪入黔，两易舟以达思南，分道散售。石阡、铜仁、镇远各府皆引地也。计岁销盐十数百万斤。"当时的思南人张敏文在《思唐杂咏》诗中也写道："当年火种刀耕地，此日花团锦绣天。砂汞厂连金铁厂，小盐船接大盐船"，对思南的繁盛景象作了形象的概括和描述。

乌江航运的发达，不仅带来了商贸活动的频繁，而且也刺激了思南市场的发育。自清嘉庆六年（1801年）江西商民捐资在府属鹦鹉溪、张家寨、许家坝、塘头、板桥、大坎场、文家店等地开拓装饰万寿宫（后为江西会馆）起，先后有湖南、湖北、广东、广西、安徽、陕西、宁夏、江苏、浙江、山西、四川等省商民在思南府城设庄号、建会馆，经营思南盛产的桐油、木油、生漆、黄蜡、白蜡、五倍子、花纱、布匹

等。嘉庆、道光年间,陕西商民先后来到思南塘头开设永顺源、正顺隆、源恒顺、王安利、吴恒顺、聚茂源、会万利、张顺朝、郑源源、郑玉川十大商号。其后又增加吴国顺、吴怡顺两家。所以当时人们美称塘头为"小南京"。就是到了民国及解放初期,思南仍然承担着黔东地区民用商品批发业务。民国财政部川康区贵州盐务管理分局在思南设立支局。1952年2月思南人民政府接管该支局后,成立贵州省盐业分公司思南支公司,负责铜仁、江口、石阡、印江、思南5县的食盐供应。其他百货商品供应也是这样,特别是德江、石阡、印江、沿河片区的供应。

连通长江流域的乌江一直是物资和人员流通的惟一通道,是一条与茶马古道齐名的盐油古道。明清以降,得天独厚的思南,一度成为贵州人口密度最大的地方,是贵州省经济、文化的一大中心,被赞誉为"先有思南,后有贵州"。可以说,乌江造就了黔东首郡这片繁荣富庶的土地,思南成为中原文明和巴蜀文化入黔的桥头堡,是乌江码头上舶来的城市。

百里乌江画廊，秀美喀斯特公园

在莽莽云贵高原的武陵山区，滔滔乌江之滨，有一个以喀斯特地貌景观为主体，兼有峡谷地貌水体景观、生态景观与人文景观，是集地学资源的独特性、系统性、科学性与观赏性于一体的大型喀斯特地貌型地质公园，这就是贵州思南乌江喀斯特国家地质公园。

◀ 歪尾船
◀ 思南万寿宫
▼ 贵州省地形图

贵州思南乌江喀斯特国家地质公园位于黔东铜仁市西部的思南县境内，公园主要接待中心思南县城距贵阳375千米，距铜仁140千米，东离国家级自然保护区梵净山70千米，西离历史文化名城遵义160千米，南距泉都石阡风景区30千米，北顺乌江达重庆涪陵入长江。

公园对外交通便利，303省道遵铜公路通过思南县城东西向横穿境内；向西40千米有326国道，杭瑞高速公路和省内的思剑高速公路越境而过。思南县

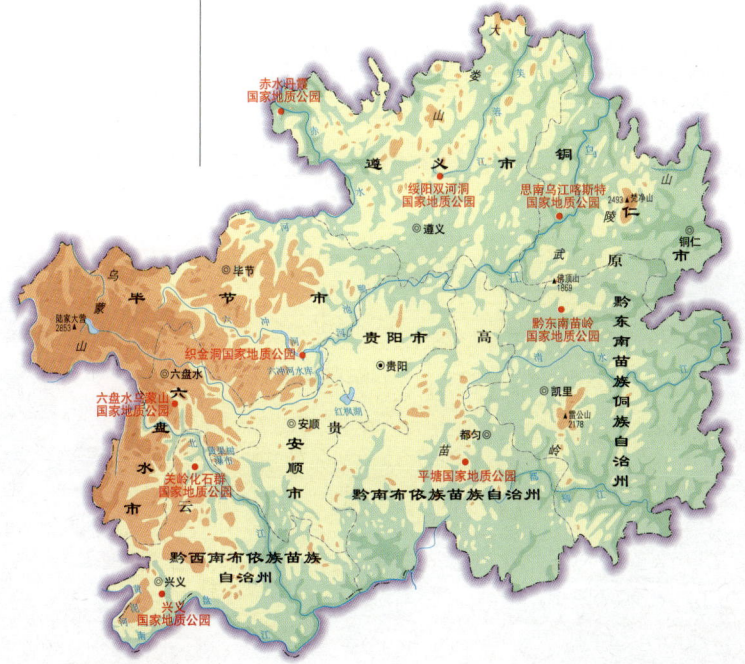

城距湘黔铁路玉屏站280千米，离川黔铁路遵义站170千米。县境公路通车里程908千米，全县27个乡镇均已通公路，每百平方千米公路网密度为17.3千米。乌江流经县境长达78千米，且全程通航。

贵州思南乌江喀斯特国家地质公园位于东经107°52′～108°28′，北纬27°32′～28°09′。占地面积202.99平方千米，总体轮廓呈条带状，主要地质遗迹面积35.94平方千米，分为长坝、荆竹园—文家店、思林、青槓坡、鹦鹉溪、板桥、思唐等七个景区。

思南地处贵州高原向湘西丘陵过渡的大斜坡地带东北边缘，武陵山脉与大娄山脉之间，是巴、楚文化的分界线。沿乌江峡谷两岸，广泛分布奥陶纪、二叠纪、三叠纪碳酸盐岩，伴随着贵州高原新构造运动的间歇性隆升，以及乌江河谷的下切，发育了极为完整的喀斯特体系，从地表喀斯特到地下喀斯特，从时间到空间都具有极好的连续性和系统性，犹如一本生动的喀斯特地貌教科书，对于揭示乌江河谷的发育演化过程具有

▶ 思南石林胜景
▼ 石林奇缘

极为重要的科学研究价值。

贵州思南乌江喀斯特国家地质公园以喀斯特地貌为主体，兼有典型的地质构造遗迹、峡谷地貌、水体景观、珍贵植物、地质灾害遗迹等自然景观和古建筑、古村落、宗教、民俗等人文景观。独特的自然地理条件，孕育了别致的民族风情，民族文化源远流长，又恰如其分地融入自然。公园拥有中国纬度上最靠北的极具观赏性的大规模喀斯特石林——思南石林，有最奇异的天沟地缝、峡谷、天生桥、盲谷、穿洞组合奇特，而且石林、穿洞、天坑、残丘、岩溶泉、洞穴堆积等喀斯特景观发育完备，岩溶泉、间歇泉、温泉、冷泉一应俱全。与村落、农田等人文景观恰如其分地结合在一起，形象生动。对研究乌江河谷的演变和我国西南岩溶区石漠化的防治有着重要意义，既有十分重要的

科学研究价值，又有广阔的旅游开发前景。思南地质公园是地质学、地貌学、自然地理学、环境生态学、人文地理学等学科的科学考察、科普教育、教学实习的理想场所。其景观典型而齐全，具有很好的科学整体性和系统性；类型多样而秀美，且具有稀缺性。

公园内喀斯特峰丛极为发育，岩溶残丘亦呈现多种形状，有馒头状，也

有螺旋状，有单面山，也有几乎完美的对称曲线。山上植被覆盖好，林相多变，因此不同的季节不同的树种会呈现五彩斑斓的色彩，特别是秋天，远观枫叶染红，林间炊烟缭绕，行走其间，不时有松鼠、野鸡等野生动物快活地穿行，真正感受到回归大自然原来是如此的惬意和舒坦。

思南石林，连绵重迭数千座千姿百态的石峰，星罗棋布，势如原始森林一般，雨后天晴，云蒸雾腾，风光无限。林区形状多变，景色秀丽，能从小中见大、大中见巧、巧中见奇、奇中见幽。远观，树林与石林相映成趣，树林

知识链接

喀斯特地貌

喀斯特（KARST）即岩溶，是水对可溶性岩石（碳酸盐岩、石膏、岩盐等）进行以化学溶蚀作用为主，流水的冲蚀、潜蚀和崩塌等机械作用为辅的地质作用，以及由这些作用所产生的现象的总称。由喀斯特作用所造成地貌，称喀斯特地貌（岩溶地貌）。喀斯特地貌分布在世界各地的可溶性岩石地区。总面积达 $51×10^6$ 平方千米，占地球总面积的10%。从热带到寒带、由大陆到海岛都有喀斯特地貌发育。较著名的区域有中国广西、云南和贵州等省（区），越南北部，南斯拉夫狄那里克阿尔卑斯山区，意大利和奥地利交界的阿尔卑斯山区，法国中央高原，俄罗斯乌拉尔山，澳大利亚南部，美国肯塔基和印第安纳州，古巴及牙买加等地。中国喀斯特地貌分布广、面积大。主要分布在碳酸盐岩出露地区，面积约91～130万平方千米。其中以广西、贵州和云南东部所占的面积最大，是世界上最大的喀斯特区之一；西藏和北方一些地区也有分布。

阴柔却善动，石林阳刚而安静，二者结合得亲密，却又界线清晰，如此妙景，是造物主刻意雕琢，还是随手点化而成？近看，有伏虎石、三仙迎客、雄鹰对峙等诸多惟妙惟肖的象形景观，情趣盎然。各种奇峰怪石，附丽着天上人间充满奇异想象和浓郁地方特色的神话、传说，使人心驰神往，大自然的鬼斧神工让人不得不称奇。

在公园内有十多处大型溶洞，天生桥、犀牛洞、万佛洞、麻池洞、米神洞、千佛洞、仙人洞、文宝洞、穿肠洞等大小不等的溶洞，每个洞都有自己的特点。其中景色最为幽美、最具开发价值的要数文家店—荆竹园景区的文宝洞，属于多级溶洞，洞内化学沉积物滴石、流石、石葡萄、卷曲石，以及洞穴崩塌堆积物，形态万千，耐人寻味，极具观赏性。鹦鹉溪景区的麻池洞、米神洞，以及塘头景区的腾龙洞也都是多级溶洞，最多处可达上下4层。其中腾龙洞景区曾在2003年做过专门规划开发。这

◀ 石韵傲然
▲ 宝洞石钟乳景观
▼ 夕照奇峰

▲ 人间仙境
▼ 石林春早
▶ 喀斯特峡谷风光
▶ 黑河峡穿洞

儿的洞穴还有一个共同点：惊险。到了这里，方能体会地下的蜿蜒曲折，如要探索思南的溶洞，没有勇气和体力是不行的。

洞穴堆积物千姿百态，"笨狗迎宾"、"一帘幽梦"、"神龟戏水"、"苗人银佩"、"雨后春笋"、"仙人拜寿"……听到这些名字，人们就会想象出一个个活泼生动的画面，而真到了文家店景区文宝洞中，亲见了这些千姿百态的洞穴堆积物之后，你才会惊叹原来洞里的世界是如此的奇妙。从洞顶、洞壁到洞底，随处可见各种形状的石钟乳、石笋等，景观别致、生动，只有亲眼见到了，才能真切地体会到。

走进思南，无法回避的是思南的水。境内河流属山区性雨源型内陆外流河，呈树枝状密集分布。水流洪、枯水位变化很大，乌江水位变幅在20米以上。思南河流，全属乌江水系。乌江干流贯穿全境，形成了一道美丽的风景线，除乌江干流外，还有六池河、石阡河、清渡河、黑滩河、黑鹅溪河、箱子河等大小河流蜿蜒曲折地流淌。思南特殊的地质环境还造就了特殊的水体景观，

鹦鹉溪互为毗邻的温泉、冷泉和断头河，罗湾陀的热泉，思林的三涌泉、人字瀑、地下河和地下湖，万种风情，令人为之陶醉。山托水愈秀，水衬山益峻，大自然将这里山的静态美与水的动态美鬼斧神工地融为一体。大自然的这种动静变换、巨细相生，衍生出了美学价值极高的地质地貌景观。

峭壁林立、纵横交错的山崖，有了乌江穿梭其间，便形成了夷险交织的峡谷。园内峡谷以思林景区最有特色，乌江峡谷紧连黑河峡，经过间歇泉、天生桥到达盲谷，呈现一条带状封闭河谷，两岸狭窄陡峭绿意盎然，有岩溶泉点缀其间，接着进入另一溶洞犀牛洞。其间峡谷弯曲变化，与天生桥（穿洞）、盲谷、地下河、岩溶泉、溶洞连成一体，充分展现地学景观的科学性与趣味性，是游览、探险的绝佳去处。

公园内岩溶地貌景观的成因与乌江河谷的下切密切相关，对溶洞和洞穴堆积物的研究将有助于揭开乌江的形成、演化历史；对洞穴堆积物的成因及年代的研究将有助于揭示古气候环境的变迁，具有较高的科学研究价值。公园

内岩溶体系的完整性、典型性,同一片区域上广泛发育着各种类型的岩溶地貌,既有地表的石芽、溶沟、石林、溶洼、峰丛、天坑、漏斗、落水洞、天生桥、岩溶泉、岩溶瀑等,又有地下溶洞、穿洞、天窗、地下河以及各种类型的化学沉积物等,在岩溶学研究与科学普及上具有重要意义。公园内石林发育形态多样,有高大型剑状、城堡状、塔状、柱状石林,也有较矮小的针状石林或石芽,有孤立于溶蚀原野之上的,也有成片出现的,还有与藤蔓共生的,类型丰富、形态多样,在全国范围内具有较高的对比意义。公园岩溶地貌、流水地貌、峡谷地貌、重力地貌以及地质构造形迹典型独特,直观易懂,具有极强的科普价值,为地质学、地貌学、地理学的科学研究和教学提供了良好的场所。完好的生态环境、和谐的人地关系,对于西南岩溶石山地区生态治理、石漠化防治具有典型的示范作用。

武陵山深处的桃花源

> 武陵山属云贵高原云雾山的东延部分,山系呈北东向延伸,弧顶突向北西,新华夏构造带之隆起,海拔在1000米左右。为我国第2阶梯与第3阶梯过渡带,乌江和沅江、澧水分水岭。梵净山是武陵山脉的主峰,山势雄伟,层峦叠嶂;坡陡谷深,群峰高耸;溪流纵横,飞瀑悬泻;古老地质形成的特殊地质结构,塑造了它千姿百态、峥嵘奇伟的山岳地貌景观,思南就位于梵净山脚下的武陵山腹地。

贵州思南乌江喀斯特国家地质公园地处武陵山腹地、乌江流域的中游地带,属中亚热带季风湿润气候区,具有春夏较长,秋冬较短,光热水同期的特点,因此植被种类繁多,林相多变,一年四季主体颜色各有不同。春天花红草绿,生机勃勃;夏天满山翠碧,石林因空气潮湿而略现青色;秋天应该是最吸引人的,石林因空气干燥略显褐色,而此时枫叶正染红,轻轻摇曳,伴随着

◀ 乌江两岸
◀ 镜中乌江
▼ 土家梯田

National Geopark of China | 中国国家地质公园丛书

▼ 画意山村
▼ 乌江两岸
▼ 金秋思南
▼ 石林魂
▶ 轻舟万绿绎和谐

袅袅上升的炊烟，显得和谐、安宁；冬天万籁俱寂，更凸显石林傲立，阳刚之美跃然纸上。

园区地处乌江中下游，贵州省东北角，属于中亚热带季风湿润气候区，其特点是热量充足，无霜期长，降水丰富，光、热、水同季。

园区地处低纬度地区，太阳投射角度大，光照时间较长，年平均总日照数1248.4小时。最多年是1963年的1405.8小时，最少年为1954年的986.5小时，振幅419.3小时。平均最多是7月的210.3小时，最少的1月为39.3小时。

思南虽地处低纬度地区，但由于多雨、云量较多，全年辐射量不大。因为思南未设立日射观测点，所以根据贵阳、威宁、遵义三个日射资料点所建立的太阳辐射公式，求得年平均辐射量为353千焦/平方厘米。年际变化中，最多为1963年的382千焦/平方厘米，最少为1954年的320千焦/平方厘米。年总辐射量的变率为4%。其中7月为51.5千焦/平方厘米，1月为13.4千焦/平方厘米。

根据思南县气象站多年观测资料统计，年平均气温年际变化不大，多年平均气温17.3℃，极端最高气温40.7℃，极端最低气温-5.5℃。全年日照时数为1248～1371小时，总积温多年平均6314.5℃，≥10℃的积温为5482℃。霜冻较短，初霜日在12月上旬，终霜日在次年2月下旬，年平均无霜期290天。

公园地处季风气候带内，雨量充沛。年平均降雨量在1047.9～1269.1毫米。年降雨日数163天。由于地形和环流影响，时空差异明显。雨季一般在4月中旬到10月中旬，平均占全年降雨量的82.3%。西北和东南部的许家坝、大坝场雨量较多，西南文家店、合朋溪一带雨量较少。

思南地质公园地处乌江中游，流经园区的主要河流有6条，分别是乌江、龙底江、黑河、小溪河、岩头河，均属乌江水系。其中龙底

江、岩头河、黑河是乌江的一级支流，小溪河是二级支流。思南县域内流域面积在100平方千米以上的有10条，河道总长为533.2千米，河网密度237米/平方千米。地下水储量为3.98亿立方米。

乌江，发源于贵州高原威宁县的乌蒙山麓，自西南向东北流入长江，全长1036千米。乌江思南段全长78.3千米，汇水面积2139平方千米，水位落差20米左右。

龙底江，发源于石阡，上游为石阡河，长约37千米，从塘头镇的江口汇入乌江。

黑河，上游为河坝河，流经大河坝、思林两个乡镇，长约8千米，于思林乡天生桥入洞，出洞流入乌江。

小溪河，发源于庙林，于小溪桥汇入龙底江，全长17.5千米。

岩头河，发源于凤冈县的六池河，从邵家渡流经四野屯风景区向南汇入贵州母亲河——乌江。从邵家渡到东方红水电站长30余千米，水流平缓，清澈见底。两岸悬崖绝壁，高不可攀，生长着竹林、灌木林。南岸是思南县的许家坝、大河坝、张家寨等乡镇，北岸是青枫坡、杨家坳和凤冈县的新民、永和等乡镇。

全县有森林88.3万亩，森林覆盖率24.7%。园内森林植被主要是常绿针叶林、常绿阔叶林，以及落叶阔叶混交林。天然乔木主要有松、杉、柏、楠、漆树、榉木、杜仲等；灌木有火棘、

五倍子、樱桃、桂花、栗子、丝栗、马桑、岩桑、黄荆桠等；果林有柑、柚、桃、李、杏等；此外，有淡竹、楠竹、慈竹等竹类；农作物以玉米、水稻、小麦、红薯、油菜、烟草为主。

◀ 乌江水质优良
◀ 和谐自然
▲ 石林鸟趣
▲ 珍稀植被
▼ 古树参天

园区有国家一类保护植物水杉；国家二类保护植物：红豆杉植物群落、千年银杏；三类国家保护植物——贵州楠木王，据测有1300年树龄。

区内野生动物中二类保护动物有穿山甲、红腹锦鸡、白腹锦鸡、苏门羚、大灵猫、小灵猫、水獭、白鹭等等。园区内可见白鹭飞天、野兔横窜、野鸡分飞等原生态景象。

思南境内的矿种主要有煤、铁、锰、汞、砷、铜、重晶石等。其中分布于枫香园的煤储量约1700万吨，长坝乡的铁矿储量约有230万吨，大河坝乡的硫铁矿储量有700多万吨，大坝乡及临江乡的重晶石储量约500万吨。

思南气候温和，土地肥沃，物产丰富，是全国优质烟基地、长防林工程和生态农业县、贵州省著名的商品粮、商品猪、商品牛和蚕桑基地。矿产资源主要有煤、铁、雄雌黄、重昌石、冰洲石、大理石等。雄雌黄品位高，是国家中医药局的定点生产地。思南水能资源丰富，河流多，落差大，开发前景广阔。装机容量120万千瓦的国家"西电东送"重点工程——思林水电站已正式开工建设。

最美民族风

思南地扼云贵高原北部,黄金水道乌江纵贯南北,是黔东北联系湘、渝、川的水陆交通要塞。境内山川秀丽,气候温和,土地肥沃。自古以来,思南就是贵州与外界人员、物资的流通重镇,特殊的地理位置也使思南成为巴、楚文化的融合碰撞的节点,造就了思南历史悠久、人文璀璨、民族风情多种多样。

▼ 思南府文庙
▶ 思南明清古民居
▶ 思南傩戏

思南县历史悠久,有"先有思南,而后贵州"之说,思南是中原文化向西南传播的重要支点,县域内文化遗存非常丰富,由于工业化进程比较慢、保护力度较大,各种文物保存也相对完整。保护区内人文景观丰富,民族色彩鲜明。而"先有思南,而后贵州",充分体现了思南在贵州历史文化发展中的重要地位。

有关人类在思南生产生活,有史书记载的可追溯到春秋时期。据《华阳国志·巴志》刘琳注,思南在春秋时期属古巴国南端。战国时为楚黔中地,秦统一全国后,思南为黔中郡。公元前202年,汉高祖时改黔中郡为武陵郡,公元200年,献帝时属于永宁县,之后都属涪陵县管辖,直到唐初公元630年设思州。

公元1362年,元顺帝时思州一分为二为思南、思州。思南行政区划名称以此为始。之后经历明清两代,虽然上级行署有所变化,但思南(司)府一直都存在,而且依托乌江航运逐渐繁荣。到民国时期设思南县,民国十二年由省直辖。1949年11月17日,思南解放,1950年2月1日思南县人民政府成立,属铜仁专区管辖。思南县沿用至今,现属铜仁市。

众多文物、名胜古迹遍布思南县城。先后出土文物有明代的灰陶、沙灰陶、丝织服饰等,现存于乌江博物馆。名胜古迹有白莲教白号军军营遗址、古战场:岑头盖、荆竹园、秦家寨。岑头盖,又名铁桶盖,位于县城西约70千米,耸立于群山之间,海拔900多米,四周悬崖峭壁,中部低洼开阔,有良田600多亩、水库3座(能容水80万立方米);荆竹园,为白号军1860年4月开辟的根据地,现山上大小卡门、壕沟、营垒屋基残存,当年白号军舂米、制作炸药的碓窝遍布满山,养马场、吊马桩

◀ 山路弯弯
▲ 民俗节庆文化——炸龙

依稀可见；秦家寨前后山上筑有内外两道城墙，设8大卡门，内建有宫殿府署、金库、粮库、武器库、点将台等。

古建筑群有中和山观音阁、府文庙、城隍庙、思南万寿宫、两湖会馆、关帝庙、观音庙、板桥万寿宫、郝家湾民居群、县城古建筑群等等。此外，古寺、塔、摩崖石刻、碑记众多，丰富的人文资源是国家地质公园的有力补充，表明思南县旅游资源具有深厚的历史文化底蕴。

思南属于多民族聚居区，有汉、土家、苗、侗、布依、仡佬、蒙古等17个民族。

思南除了具有丰富的地质、生态、文物等物质遗产外，还有大量的非物质遗产，它们主要包括无形的民间艺术和民族风俗，有形式多样，源远流长的思南花灯、黔东北最具特色的戏剧活化石——傩戏、民族工艺——龙凤花烛、棕丝斗笠、藤椅、草编工艺品、窗花剪纸、玉带石雕刻、乌江五彩石系列工艺品等。

大力发扬和保护"中国土家花灯艺术之乡"、戏剧活化石——傩戏和民间工艺，推广花

灯和傩戏艺术表演，对丰富思南县的文化生活和发展本地经济有着极其重要的意义。

贵州思南乌江喀斯特国家地质公园是一座天然宝库，它蕴藏着地质、地貌、野生动植物、水文、气象、土壤、古建筑、古民居、民俗民风等丰厚的知识资源，具有很高的科学、科普和经济价值，具有高品位的美学欣赏内涵。

当您来到这里享受大自然的风貌和获取科学知识的同时，更要珍惜和保护不可再生的自然遗产。公园拥有区域上最完整的喀斯特体系，思南石林是中国同纬度地区发育最好、生态保持最佳且极具观赏性的连片石林，黑河峡是发育最奇异喀斯特峡谷，区域上最奇特的喀斯特泉组合，人与自然景观的最和谐范例——郝家湾，当我们走出地质公园，必能够寻找到让我们思考的哲理回味。

思南的喀斯特地貌景观、地质遗迹、历史名胜和民俗风情，一起演绎了自然界的神奇，让我们魂牵梦萦！

思南历来是各民族杂居的地区。除了居住着土家族、苗族、仡佬族、汉族、蒙古族外，还散居着布依、侗、壮、京、彝、回、黎、藏、白、傣、满、高山、瑶、羌等十多个少数民族。思唐镇境内的土家、仡佬、苗、汉等各族人民，在长期与大自然和社会的斗争中，通过自已的辛勤劳动和智慧，创造了物质财富，许多地方民族特产闻名于世。在创造物质生活的同时，各族人民还创造了绚丽多彩、独具风格的民族文化。尤其是民族文学，经过世代相传，不断丰富，成为祖国大家庭文化的一个组成部分。思唐镇民族文学艺术繁花似锦，源远流长。这些民间文学作品植根于深厚的土壤之中，有着浓郁的民族特色。它通过文学艺术典型，既描绘了各族人民的风土人情，也记录了各族人民征服大自然的光辉事迹。歌颂了人民理想中的英雄人物，表达了劳动人民的爱与憎，揭露了反动统治阶级的虚伪和丑恶。其中，土家族的"傩戏"、"哭嫁歌"、"打闹歌"、"闹丧歌"以及"思唐镇打溜子"等，富有浓郁的民族风格，流传于世，经久不衰。

▲ 跟我学傩戏

地质历史

区域地质背景
地质演化史
典型地质遗迹

区域地质背景

思南地处武陵山脉与大娄山脉之间的地区,大地构造属于扬子准地台的黔北褶皱变形区。武陵山脉属于新华夏构造,呈北北东方向延伸,大娄山系受娄山弧形构造的控制。地质结构复杂,地壳因受多次地壳运动,特别是渐新世的燕山运动至现代的喜马拉雅山运动以来的三次大的间歇性抬升运动的影响,使得寒武系到三叠系的地层在南东—北西地应力的作用下,发生了北东—北东东向剧烈褶皱,造就了背斜狭窄、向斜开阔,石灰岩和砂岩顺山脉走向呈条带状互相出现的基本骨架。

地层

贵州思南乌江喀斯特国家地质公园地层出露较好,除第四纪外均为海相沉积的层状岩石。以下古生界为主;上古生界泥盆、石炭系缺失,二叠系广为发育;中生界仅存在下三叠统部分地层。寒武系地层分布有娄山关组和毛田组,可见灰色厚层砂屑

▲ 思南卫星影像图
▶ 思南地质图
▶ 层状分布的沉积岩

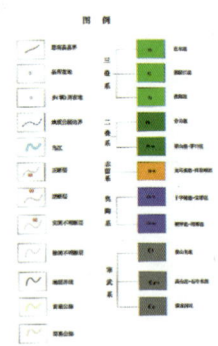

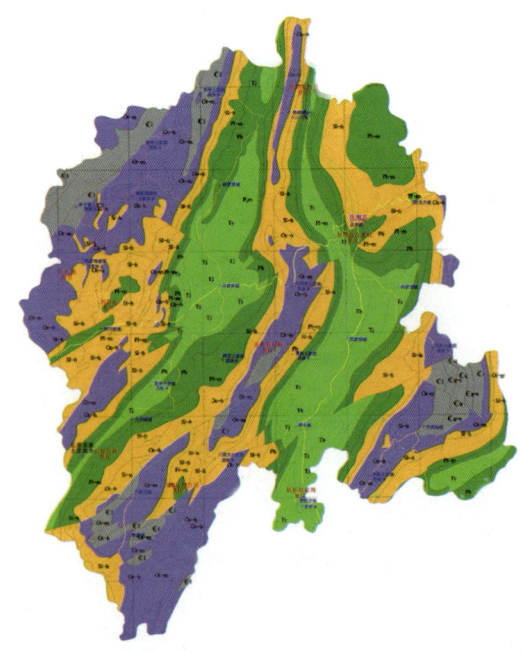

白云岩与碎屑灰岩，白云质灰岩互层等。奥陶系分布有桐梓组、红花园组、大湾组—湄潭组，主要为生物屑灰岩，含有丰富的三叶虫化石、古杯化石、海绵生物化石、腕足化石、笔石和产头足化石等。志留系地层见于园区东部龙洞附近，与东邻花桥幅中的生物灰岩层颇为相似，但又因此处灰岩层下伏地层为临湘组，且未见黏结岩而与其不同。可分为下列三个岩性段：1.下部灰色厚层生物屑灰岩，底为一层棘屑灰岩；2.中部浅灰色块状含生物屑、砂屑泥晶灰岩；3.上部深灰色中层生物屑灰岩。此生物灰岩层厚34米，长约1000米。其上覆地层是志留系香树园组灰岩或龙马溪组之粉砂质黏土岩。垂向上

> **知识链接**
>
> ### 三叶虫和古杯
>
> 　　三叶虫是最有代表性的远古动物，距今5.6亿年前的寒武纪就出现，5亿～4.3亿年前发展到高峰，至2.4亿年前的二叠纪完全灭绝，前后在地球上生存了3.2亿多年，可见这是一类生命力极强的生物。在漫长的时间长河中，它们演化出繁多的种类，有的长达70厘米，有的只有2毫米。背壳纵分为三部分，因此名为三叶虫。
>
> 　　古杯动物是一类绝灭了的底栖海洋动物，多数为单体，少数为群体。单体外形多似杯状，故有"古杯"一名。古杯动物的骨骼，通称为杯体，由方解石显微晶粒组成。杯体的始端部分叫杯尖，在杯体的基部常有根状的固着根。古杯动物的生物归属尚未查明，一般视为一个独立的动物门。主要生存于寒武纪，是划分寒武系的重要化石。已描述有300多个属，近1000个种。

思南乌江喀斯特岩石地层单位特征

界	系	统	阶	组	代号	岩石类型	沉积环境
新生界	第四系			残积、坡积、冲积层	Q	以碳酸盐岩溶蚀残余为主、松散堆积的冲积物等	星散分布于溶蚀洼地、顺层缓坡、河流两岸
中生界	三叠系	下统	奥伦阶	茅草铺组	Tm	泥晶灰岩	局限台地相
			印度阶	夜郎组	Ty	粘土质页岩、泥晶灰岩	
古生界	二叠系	上统	长兴阶	吴家坪组	Pw	生物碎屑灰岩 少量泥质粉砂岩	滨海沼泽沉积
			乐平阶				
		下统	茅口阶	茅口组	Pm	泥晶灰岩、生物屑灰岩	台盆—海台地
			栖霞阶	栖霞组	Pq	泥晶灰岩	
				梁山组	Pl	局部含燧石团块	
	志留系	中统		迴星哨组	Sh	粘土岩、石英砂岩	棚沟深水—斜坡
		下统		秀山组	Sxs	粘土岩	
				溶溪组	Sr	少量页岩、粉砂岩薄层	
				马脚冲组	Sm	页岩（波痕构造）	
				雷家屯组	Slj	多为厚层生物屑灰岩	
				香树园组	Sx	灰色黏土岩、瘤状灰岩	
				龙马溪组	Sl	黄色粉砂质粘土岩	
	奥陶系	上统	五峰阶	观音桥组	Ogy	灰岩，生物屑含量变化大	以开阔海台地为主
			石口阶	临湘组	Ol	瘤状灰岩、泥晶灰岩	
		中统	宝塔阶	宝塔组	Ob	紫红色泥晶灰岩	
			庙坡阶	十字铺组	Os	中层粘土岩	
		下统	宁国阶	牯牛潭组	Og	泥晶灰岩、生物屑灰岩	
				湄潭组 大湾组	Odm	同时异相 页岩，粘土岩、灰岩 泥灰岩，粉砂岩	
				红花园组	Oh	灰岩厚层、局部块状灰岩	
			新厂阶	桐梓组	Ot	下部生物屑灰岩，上部黄绿、灰绿色页岩	
				毛田组	mt	砂屑白云岩、灰岩	
	寒武系	上统	凤山阶		∈1	白云岩	半局限台地 局限台地
			长山阶				
			崮山阶				

与上覆地层呈突变变化，横向与观音桥组、龙马溪组、香树园组渐变过渡。二叠系岩石地层分布有梁山组、栖霞组、茅口组和吴家坪组，主要成分为灰岩、砂岩等，产植物根茎化石、菊石、腕足、有孔虫等类化石。三叠系分布有夜郎组和茅草铺组，主要岩石成分为黏土质页岩、泥晶灰岩等，产腕足、双壳及头足类化石。第四系地层在园区内不发育，分布零星。第四系沉积可分为残积、坡积、洪积和冲积几种类型。

▲ 泥沙质页岩

构造

思南乌江喀斯特国家地质公园位于扬子地台南东缘，属黔北凤冈北北东向构造变形区与贵阳构造变形区的过渡地带。园区以北北东向褶皱、断层为主导。总体上主要由两大体系构成。其一为北北东向褶皱断裂体系，向斜宽缓而断裂稀疏，背斜紧窄而断裂发育，具梳状褶皱特点，其形成可能和深部的逆冲断裂有关；另一为北东向走滑断层系，板桥向斜及龙洞背斜（塘头向斜、抱木寨背斜南延至园区部分），是园区在燕山期造山应力场作用下形成的一级褶皱构造，并派生有次级褶皱。用赤平极射投影对褶皱产状要素处理结果，可分为两种形态类型：主褶皱属轴面倾斜的平面圆桶状褶皱；次级褶皱为轴面直立的平面圆桶状褶皱。

（1）板桥向斜

板桥向斜核部舒缓开阔，而翼部陡立，枢纽波状起伏，在土地堡附近一带昂起，昂起角3°。核部出露地层为三叠系，两翼则依次为二叠系至奥陶系，倾角变化较大，北西翼常为50°～80°，南东翼55°～70°；转折昂起部位地层倾角很缓，

一般几度至十几度,并稀疏发育有近东西向张性小断层。该向斜北西翼有晏明向斜、桃子冲背斜次级褶皱,延伸不远,随主褶皱昂起而消失。龙洞背斜在区内十分狭窄,两翼为志留纪、二叠纪地层,核部出露奥陶系,仅局部地段沟谷切割处有少量毛田组灰岩出露。南东翼倾角较缓,常小于50°;北西翼则较陡,为55°~70°。此背斜被石阡断裂带切割破坏,其南端在盐井沟一带倾伏,倾伏角4°。

(2)石阡断裂

石阡断裂带位于石阡至龙洞一带,由两条相互平行性质相近的断裂组成,走向北北东,其南端在园区以外受花桥断层限制。西侧的龙洞断层出露较好,局部地段与龙洞背斜轴迹重合或近于重合。断层面向南东倾斜,倾角65°~75°,两盘地层以志留系、奥陶系为主,是燕山期造山应力场挤压下背斜轴部纵张作用的结果,并受平移带应力场作用而产生工序次平移。东侧的石阡断层大多为浮土掩盖,仅劝农亭一带出露。此断裂带系园区热泉的导热和导水构造,并控制铅锌矿产

▲ 构造运动是大自然的总工程师
▶ 地处塘头断层的塘头镇

出。此外还有形成于次一级褶皱轴部的北北东向正断层,规模小,所见不多。

（3）挂榜山逆冲断层

挂榜山逆冲断层可能是深部的逆冲断裂在地表的局部出露部分,方位北北东。北起白果树,受限于拱桥断层,南经何家湾而延出区外,跨图区长度约18千米。断面倾向南东,倾角30°～67°;在杉树坡附近此断裂具典型的逆冲断层的阶梯状发育特点,表现在同一剖面上倾角变化较大,高处断面平缓,断层面与上下盘岩交切,是断坡;低处断层面与下盘岩层产状一致,是断坪,断面倾角较大;具断坡缓、断坪陡之特征,其南东盘寒武、奥陶系推置于北西盘大湾组之上。因受逆冲作用控制,上盘背斜（川岩坝背斜）随断层逆冲而脱底,形成无底背斜。从断层规模及变形特征看,是以碎性变形为主,断层附近劈理、节理及派生断裂等亦不发育,大致相当于推覆构造之顶带。

（4）塘头断层

塘头断层带是独立发育、别具一格的走滑断裂系。断层面在区内以倾向南东为主,倾角60°～85°,其分枝的柏树林断层倾向北西,倾角60°～70°,区外其断面则主要倾向北西。两盘地层依次为寒武系、志留系,区内水平错距约3千米,南东盘往北东推移,与东邻花桥断层一致,表明此两断层演化相似,并具有下列形态特点:

a.主断裂局部分支、裂变,构成一复杂

走滑断裂系。断层夹块发育，其内构造线方向与断层走向一致，具发辫状破裂特征；b.当走滑断层发生位移时，由于夹块边界或断裂分支、转折部分与位移方位相对关系不同，受到挤压或引张而形成构造陷落块或挤压上升块；c.在走滑断层末端因应力的复杂化，局部分散为较多的呈阶梯状展布的次级裂隙。

据区域地质资料分析，此断层是具多期活动特点的断裂构造，发端于加里东构造阶段之前，在燕山期前表现为张性裂陷，在区内控制了龙马溪期的沉积环境及地层厚度。加里东期后至燕山期前较为平静，燕山期褶皱运动后转化为平移性质并定型，切割破坏先成褶皱之后又多次活动，引发了成矿作用及地热活动，在区内控制了汞、金异常及重晶石矿化的产出。由于不同地段所受应力的边界条件不同，而造成岩石变形破碎程度等方面的差异，园区发育了较多的次级断裂，并引起局部地层倒转和牵引，控制着上述成矿作用。拱桥走滑断层的形成，是在古老具张性特征的断裂及局部边界条件基础上，后来的断裂运动继承了此发展背景，转化为走滑断层，形成机制如下：最初因受力较弱，基底断裂作层滑运动，沿基底断裂方向在上覆岩层中形成若干分散的斜列式断裂，随着应力进一步增强，断裂的逐步发展，最终形成一条发辫状断裂，造成断块的下陷和抬升；断裂末端应力逐渐消减而转化为分散平移。同时断裂两盘表现有上下滑动，南东盘上升，北西盘下降。

公园主要断裂及特征

名称	上盘地层	下盘地层	走向	倾向	运动性质	主要变形
龙洞断层	志留系地层为主	奥陶系地层为主	NNE	SE	张性	断层破碎带，角砾岩，牵引褶皱
石阡断层	志留系香树园组	奥陶系桐梓组	NNE		张性	断裂带系热泉、铅锌矿，破碎带，引褶皱
挂榜山逆冲断层	奥陶、寒武纪地层	大湾组	NNE	SE	推覆	上下盘岩层交切，塑性变褶皱，构造角砾岩，破碎带
塘头断层	寒武纪地层	红花园组	NE	SE	水平	辫状构造，出现角砾岩、糜棱岩化带，热泉、重晶石产出

地质演化史

亿万年来，在地球内力的整体塑造和外力的长期作用下，思南地区历经雪峰运动、广西运动、东吴运动和燕山运动。沧海桑田，终于形成了这片以喀斯特地貌景观为主体，结合峡谷地貌水体景观、生态景观与人文景观，造就了思南今天的神奇的土地。

思南乌江喀斯特国家地质公园位于扬子地台南东缘，属黔北凤冈北北东向构造变形区与贵阳构造变形区的过渡地带。构造运动史可追溯到雪峰构造阶段，自雪峰期到喜山期历经了数次规模不等、性质相异的升降运动与褶皱运动。在复杂漫长的构造演化过程中，燕山运动对园区的影响最大，它继承了以往历次构造运动的行迹，使构造格局基本定型。虽然经历的构造运动较多，但表现明显的主要是雪峰运动、广西运动、东吴运动和燕山运动。

◀ 构造崩塌地貌
▼ 乌江两岸峡谷耸立

▲ 思南石林胜景
▶ 石林奇缘

雪峰运动

公园内主要表现为清水江组第二段与震旦系呈平行不整合接触,以抬升为主体,且伴有断裂和局部舒缓状穹隆产出的一次运动。据1:20万江口幅区调查资料,在松桃大塘坡、偏岩附近此构造面上下地层呈微角度不整合接触。据103队1:5万孟溪幅区域地质调查资料,发现该构造面上下地层呈角度不整合接触,证实了雪峰期穹隆构造的存在。

本次运动使扬子地台基底趋于稳定,由地槽活动型沉积转化为盖层稳定型沉积,是扬子地台形成的关键性运动,并使上元古宇清水江组不同程度地遭到剥蚀,而下震旦系起伏于其上。雪峰期形成的断裂构造是区域地质历史上重要的控相、控矿构造。

广西运动

广西运动是加里东构造阶段末发生的一次构造运动。此次抬升运动产生平行不整合,致使园区缺失中晚志留纪大部分地层及泥盆、石炭纪地层,持续时间很长。在加里东构造阶段内,除少量断裂产出外,同时也诱发雪峰期断裂多次活动产生控相效应。

东吴运动

发生于海西—印支构造阶段的一次运动,表现为早二叠纪茅口组第二段与晚二叠纪吴家坪组第一段呈平行不整合接触。时间短,以升降作用为特点。

燕山运动

燕山运动代表侏罗纪末至白垩纪初期产生的不整合,其火成活动与成矿作用,是贵州很重要的一次造山运动。其主要证据是与黔东北邻近的同属北北东向褶皱之川东南黔江正阳盆地所见到的上白垩纪与上侏罗纪的角度不整合。这一运动使板溪群至早三叠纪地层形成北北东向褶皱和同向断层,造就了园区和邻近地区地质构造面貌;同时对先期形成的地质构造有明显的继承和改造作用,伴有汞、铅锌等层控矿床的形成。

此外,武陵运动虽然在园区见不到,但是在邻近的梵净山区可以见到此次运动完成的地槽褶皱旋回,逐渐趋于稳定的一个重要历程,具有十分重要的地质意义。对其后构造运动起了重大的影响作用。

喜马拉雅运动在园区和邻近区域均未见到。因为这一带的新生代地层记录不完整,仅有少量第四系残坡积物和冲积物,未加以研究,但作为一次区域性的大规模地质构造运动,不能完全否定其对园区的影响,其可能改造和发展了先成的地质构造,使构造更加复杂化而难以区别。

典型地质遗迹

思南乌江喀斯特国家地质公园有四大特色，一是喀斯特地貌的完整性和系统性在国内外是罕见的，二是喀斯特地貌景观沿乌江两岸分布，它们的形成与乌江的演化存在密切的联系，三是中国同纬度上规模最大、保存最好的喀斯特地貌景观，四是喀斯特类型众多，各阶段的地貌形态都有，完整地展示出思南境内乌江两岸喀斯特发育的全过程。

▲ 喀斯特地貌
▶ 长坝石林

思南乌江喀斯特国家地质公园地处云贵高原东北部边缘，属于云贵高原向湘西丘陵过渡的大斜坡地带。特殊的地质背景和自然地理环境造就了丰富的地学旅游资源。

公园拥有丰富而独特的旅游地学资源，以喀斯特地质地貌景观为主，有区域内最完整的喀斯特体系；有中国同纬度地区迄今发现的发育最好、生态保持最佳、保存最完整、出露面积最大的极具观赏性连片喀斯特石林；有最精致最奇特的"乌江河谷—峡谷（天沟地缝）—喀斯特间歇泉—天生桥（地下峡谷，瀑布—深潭—石钟乳）—喀斯特泉（人字瀑）—盲谷—干谷—溶洞（地下峡谷、伏流）—峡谷（天沟地缝）—多层溶洞—天坑"组合景观；有贵州省内水温最高的热泉和互为毗邻的温泉与冷泉，兼有典型的地质构造遗迹、峡谷地貌、水体景观、珍稀植物、地质灾害遗迹等自然景观，更有古建筑、古村落、宗教、民俗等人文景观完美地融入其中，形成了喀斯特石山地区人地关系最为和谐的生态景象，体现了人对自然的尊重和人与自然和谐发展的理念。公园不仅全面地展示了区域喀斯特的发育过程、揭示了乌江河谷的形成演化规律，也为民族文化、民族工艺提供了更为宽广的表演舞台，对研究乌江河谷的演变和我国西南喀斯特区石漠化的防治有着重要意义，既有十分重要的科学研究价值，又有广阔的旅游开发前景。

喀斯特地貌景观

整个公园以喀斯特地貌遗迹景观为主。主要分布于长坝景区、文家店—荆竹园景区、思林景区及塘头景区。主要由奥陶纪和二叠纪灰岩构成。公园喀斯特地貌景观奇特，地表和地下喀斯特都很发育，构成一个完整的喀斯特体系，犹如一本生动的喀斯特地貌教科书，具有极高的科研、科普价值。在这里，游客可以完整地感受到整个喀斯特地貌演化的过程，真实地触摸到地球生命的成长经历。

石林，主要分布在长坝景区和荆竹园景区，石林出露面积分别为4.9平

方千米、2.3平方千米。地表水沿可溶性碳酸盐岩的裂隙进行溶蚀和侵蚀，形成丛林状蚀余残留体，石林间有很深的石沟。长坝石林是中国同纬度地区迄今发现的发育最好、生态保持最佳、保存最完整、出露面积最大的连片喀斯特石林，空间上连片分布，类型众多，包含了石芽发育中从青年到老年的各种形态（针状、剑状、塔状、柱状、城堡状）。石林形状多变，景色秀丽，能从小中见大、大中见巧、巧中见奇、奇中见幽。这里石林与树林交相辉映，美不胜收。长坝石林还形成了许多惟妙惟肖的象形景观，如老虎石、雄鹰对峙、鬼脸石、四大金刚、三仙迎客等。

荆竹园植被茂密，石林规模相对较小，风吹树动，石林若隐若现，犹如深闺秀女般犹抱琵琶半遮面。荆竹园是清白莲教白号军古战场，贵州省重点文物保护单位，现存遗址诸多。

所以，公园内石林景观既具有科学考察研究的价值，又能在形态上给人以视觉的冲击，是集科学和美学于一体

的喀斯特地貌景观。

峰丛，是一种山峰底座相连的峰林，是峰林发育的早期阶段。峰与峰之间形成U形马鞍地。峰丛之间常发育有溶蚀洼地、溶斗、落水洞等负地貌形态。公园内该种地貌多见于板桥景区。

天沟地缝，主要分布于杨家坳岑头盖和思林黑河峡。在碳酸盐岩地区，由于新构造运动的快速抬升，流水沿着节理和裂隙冲刷溶蚀岩体，迅速下切形成从下往上看"天如沟"、从上往下看"地如缝"的地形，即是学术上所说的天沟、地缝，作为景观通常被称为"一线天"。

天生桥（穿洞、地下峡谷），溶洞顶部两端坍落，中部残留而形成的桥状地形。洞长约368米，高65～70米，洞内时而乱石堆积，时而流水淙淙，洞壁陡峭，几不可攀，洞内有洞分层明显，反映了新构造运动以来该区域地壳的间歇性抬升；洞顶与地面之间的岩层厚20～30米，十分壮观。

溶洞，地下河、湖，溶洞是地下水沿可溶的碳酸盐类岩石的裂隙进行溶蚀，形成的地下空

◀ 奇巧秀丽的石林景色
◀ 地缝
▼ 岩溶溶蚀洼地

▲ 贵州省水温最高的热泉，常年水温58℃
▼ 河流侵蚀形成的峡谷
▶ 思林水电站建成前的穿洞，现中上部露出水面

洞。在公园内有十多处溶洞，除了天生桥、犀牛洞，公园内还发育有万佛洞、麻池洞、米神洞、千佛洞、仙人洞、文宝洞、风洞、穿肠洞等大小不等的溶洞。其中景色最为幽美、最具开发价值的主要分布在文家店—荆竹园景区、鹦鹉溪景区和塘头景区。文家店—荆竹园景区的文宝洞，属于多层溶洞，洞内化学沉积物滴石、流石、石葡萄、卷曲石，以及洞穴崩塌堆积物，形态万千、耐人寻味，极具观赏性。风洞里的风冬暖夏凉，妙不可言。鹦鹉溪景区的麻池洞、米神洞，以及塘头景区的飞龙洞也都是多层溶洞，最多处可达上下4层。地下河是喀斯特作用形成的溶洞在石灰岩地区形成地下通道，地面河流因此潜入地下形成的暗河。思林、文家店中都有发育。

洞穴堆积物，按成因可分为化学沉积物、河湖堆积、坍塌堆积及生物和文化遗存。主要形态有滴石、流石、钙华、卷曲石、石珍珠等。滴石：由洞中滴水形成的方解石及其他矿物沉积，形态多样，主要包括石钟乳、石笋、石柱、鹅管。流石：地下水沿溶洞洞底或洞壁流动时，形

成的片状碳酸钙堆积，主要有边石、石幔、石旗、钙板等形态。石珍珠又称蛋石、穴珠，是在溶洞的水潭中和滴水坑中形成的圆形碳酸盐颗粒，其核心由小的砂粒或黏土组成，具有同心圆结构，因水的扰动，碳酸钙围绕核心逐渐沉淀而成。

公园内发育有喀斯特泉、喀斯特瀑、温泉、冷泉、热泉等系列景观。温泉、冷泉位于鹦鹉溪景区，前者温度38℃～41℃之间，后者恒温18℃，适宜水产养殖，现已发展一定规模。罗湾坨热泉是贵州水温最高的天然泉水，常年水温58℃，适宜疗养休闲。除此之外，在郝家湾、鹦鹉溪还有多处喀斯特泉。

河流地貌景观

公园内的流水地貌主要沿乌江及其支流发育。在思唐景区内可见边滩、江心洲、河漫滩等。乌江发源于威宁，至重庆涪陵汇入长江，受地质构造影响，在思南—德江一线呈南北流向。乌江干流由思南境西南高滩至坪头溪（界河）河段入境，于县境北面的埋鞋溪出境，思南境内有支流6条，河流地貌发育。思南县城即建于乌江河流阶地之上，乌江思唐段发育有边滩、沙洲（白鹭洲），其中后者曾经是每年元宵节思南人民举行民族文化活动的场所，"鹭洲泛月"是历史上著名的思南八景之一，沙陀水电站建成后已淹没。

峡谷地貌

主要沿乌江分布，另外还包括乌江支流。园区内的峡谷地貌包括隘谷、障谷和峡谷三种。以思林景区最有特色，乌江峡谷（障谷和峡谷）紧连黑河峡（隘谷），经过天生桥（穿洞）到达盲谷，呈现一条带状封闭河谷，两岸狭窄陡峭绿意盎然，有喀斯特泉点缀其间，渐次进入另一溶洞犀牛洞。其间峡谷弯曲变化，与天生桥（穿洞）、盲谷、地下河、喀斯特泉、溶洞连成一体，充分展现地学景观的科学性与趣味性，是游览、探险的绝佳去处。

地质灾害遗迹景观

有崩塌与错落两大类，崩塌是指碳酸盐岩沿节理面被溶蚀后在重力作用下发生崩落，石块越大，滚动越远。错落是指岩体沿陡坡或陡崖的破裂面发生的整体下坐位移，垂直位移大于水平位移。

滑坡遗迹，位于斜坡上的岩石、土体或碎屑堆积物，沿一定的滑动面整体下滑的一种块体运动。

园内规模较大的滑坡位于杨家坳。有大型滑坡遗迹，水平泥岩差异风

化和重力作用形成的象形景观等。

古生物化石遗迹

在青杠坡镇岑头盖分布有大量二叠纪古生物化石，主要是角石和菊石。这些化石原本存在于万卷书岩中，后因泥质灰岩侵蚀、风化后崩落至地表。

珍稀物种

公园内有红豆杉、贵州楠木王、千年银杏等珍贵植物，树龄均有上千年。红豆杉又名紫杉、赤柏松，系红豆杉科，属浅根植物，是第四纪冰川遗留下来的古老树种，在地球上存在已有250万年的历史，是世界上公认的濒临灭绝的天然珍稀植物，被称为植物王国的"活化石"，我国将其列为一级保护植物。楠木属国家二级保护植物，贵州楠木王有1300多年的历史，树高25米，直径近3米，树冠覆盖面积184平方米，根深叶茂，斑驳沧桑，为贵州楠木之最。银杏属仁杏科、银杏属，是裸子植物银杏纲中唯一存活下来的树种，为中国所特有。

▲ 重力作用形成的崩塌地貌

人文历史

历史沿革
思南民俗
多彩的民间艺术

历史沿革

> 思南历史悠久,上古时代思南就有人类居住。汉末年间置县,元设宣慰司,明清建府,民国设专员公署。得乌江航运之便,自古商贾云集,经贸繁荣,是乌江中下游地区的政治经济文化的中心。思南开发较早,是贵州最早实行改土归流地区之一,在贵州历史上占有重要地位。

思南历史悠久,据《黔史》记载:"二田分据思州地,以其南为思南也。"思南开发较早,是贵州最早实行改土归流地区之一,在贵州历史上占有重要地位。

上古时代思南就有人类居住。这些历史上的原住民,就是仡佬族、土家族、苗族的先民,他们以乌江及其主要支流岩头河、龙底江(古龙川)之沿岸为主要栖息地,刀耕火种,过着渔、猎、牧、农

▼ 清晨雾霭中的山城

的生活。

思南之名源于历史上的建置。《禹贡》荆州之属,春秋战国先属巴国南境,后属楚巫黔中地。秦隶黔中郡,汉属巴郡涪陵县。汉末分涪陵县地置永宁县,治今思南。蜀汉改万宁县,为南中属地。晋,万宁县仍属涪陵郡,郡治汉复县。北周武帝宣政元年(578年),以万宁县地置费州,亦名涪川郡。隋初,废费州,开皇五年(585年)于费州地置涪川县(今思南)。唐初,属思州。贞观四年(630年),分思州的涪川、扶阳两县置费州。后割思州的多田、城乐两县来属。天宝元年(742年)改费州为涪川郡。乾元元年(758年)复名费州,州治涪川县。领涪川、扶阳(今德江煎茶溪)、多田(今思南县境许家坝)、城乐(今凤冈东部)4县。费州属黔中道,治彭水县。宋为思州地。宋大观元年(1107年),田佑恭归顺,又置思州,宣和三年(1121年)废,绍兴二年(1132年),复置思州和务川、邛水、安夷3县,为羁縻州,州治务川,属黔州。务川县辖今思南县地。元至元十五年(1278年),置思州新军万户府,旋改为思州新军民安抚司,治务川,后徙都坪清江城(今岑巩)。于是称清江城为思州,而称故思州为思南。至元二十九年(1292年),改思州安抚司为军民宣抚司,隶湖广行省。至正二十二年(1362年),改思南宣慰司,思州分为二,思南行政区划之名,以此为始。明洪武四年(1371年),思南宣慰司改隶

于四川行省。洪武六年（1373年），升思南宣慰司为思南道宣慰使司，隶湖广布政司。洪武二十二年（1389年），移治水德江（今思南），至此思南道宣慰使司治所乃故都于此。永乐十一年（1413年），废思州、思南宣慰司，置思南等4府，属贵州布政司。清，思南府治所思南城，顺治十六年（1659年），领安化（原为思南府城郭，光绪八年迁大堡）、务川、印江3县及沿河佑溪、朗溪、蛮夷3长官司和随府办事长官司。康熙二十年（1681年），思南府属贵东道。乾隆七年（1742年），改属古州兵备道。嘉庆八年（1803年），废随府办事司。道光十七年（1837年），增设红丝塘巡检1员。道光二十一年（1841年），废蛮夷长官司。1914年，思南府改为思南县，1925年，废黔东道，思南由省直管。1935年，隶属贵州省第六行政督察区，次年改隶铜仁地区。1937年，改隶镇远专区。1943年，隶属铜仁专区。1949年以后隶属铜仁专区，1970年属铜仁地区，1987年8月21日，属铜仁市。

山雄水秀、人杰地灵的思南被人们誉为千里乌江上的明珠。因为占据天时地利，临江而建的思南山城在明清两朝一直是府县治所，也是黔东北政治、经济和文化中心。雄奇的乌江山水与厚重的人文积淀，形成了丰富的自然景观与人文景观。最为著名

的当属山城所在地的四关八景。"四关"指大岩关、小岩关、德胜关、太平关；而"八景"指中和夏绿、鹭洲泛月、德江晚渡、雁塔标霞、五老撑云、仁寿秋高、三台积雪、圣岭春耕等。

四关是古代思南山城具有军事意义的四大关隘。明清时代，思南山城被选作府署所在地，不仅出于商贸码头的考虑，更有军事的需要。乌江天堑前横，两岸群山壁立如同天然城墙，这种易守难攻的地理特点，也许是当初府城选址于此的关键原因，而四大关隘是古人对自然环境独具匠心的巧妙借用。四关既是古人出入思南府城的四大出口，也是府城的军事要塞。

地势最为险要的当数大岩关。它位于乌江西岸山脉的最高处，北邻五老峰，南应小岩关；下临悬崖峭壁，俯瞰一江两岸。古有一夫当关，万夫莫开之势。不过如今已是思南的西大门，贵思公路盘旋其上，险道化通途。

乌江西岸还有一关名小岩关，又称武胜关。位于县城西南侧，紧邻大岩关，右为白虎岩，左对中和山。既为古时护城关隘，也是古驿道必经之处。奇石嶙峋，悬崖高耸。古人于岩隙间凿石为道，殊多艰辛。通道两旁摩崖石刻甚多，现存"天上人间"、"心境"等，如今已扩建200多级石阶直达关口。关口外侧，斜架栏杆。极目骋怀，可供游赏。远眺层山叠翠，烟岚苍茫；鸟瞰浩浩乌江，一水拖蓝；巍巍山城，尽收眼底。

在乌江东岸，则有德胜关、太平关。以万圣屯为坐标，北为太平关，南为德胜关（一说"得胜关"）。这些内涵丰富的关隘名称里，寄托着古人的平安理想，也折射出他们当年的忧思。如今，一个新的时代早已来临，昔日封闭的小城已向外敞开了胸怀。太平关成为思南县城的东大门，铜思公路穿行其间，意境迥然不同了。南面的德胜关稍显寂寞，那些穿云的乱石、崎岖的古道，似乎还在往事中沉湎。

◀ 明清古建筑
▲ 江西会馆

思南民俗

思南地处武陵山腹地，乌江流域的中心地带，是黔东北联系湘、渝、川的水陆交通要塞。特殊的地理区位使思南成为巴、楚文化的交汇地带，土家族、彝族、白族、傣族、壮族、苗族等20多个少数民族五方杂处，造就了思南独特多样的民俗活动。

▲ 节日里的人们
▼ 赶往庙会的路上
▶ 上元沙洲节日盛况

在远古时代，思南这块土地上就已经有人类生存、繁衍。嘉靖《思南府志》载："禹贡，荆州之属。"旧称："殷人尊神，率民以事神，先鬼而后礼。"嘉靖《思南府志》也说：思南先民"农暇即以渔猎为事，得兽先祭鬼而后食"。史家考证，思南之地属于鬼方。西周，属荆楚之地。春秋战国属楚"黔中地"。秦属"黔中郡"。 汉末置永宁县。蜀汉改万宁县。以后，一直是州、府、郡、司、县治所在。因此，这里原始宗教的表现非常浓烈。

思南这块古时的"荒徼之外"的"蛮夷之地"（嘉靖《思南府志》语），是汉、土家、苗、仡佬、蒙古等17个民族杂居的地方。因此，

原始宗教信仰的表现还比较明显。其中包括自然崇拜、动植物崇拜、图腾崇拜、祖先崇拜和英雄崇拜。尤其是土家族、苗族、仡佬族人口较多、居住比较集中的"民族乡",更为突出。他们普遍信奉有"四官神"、"五谷神"、"长生土地"、"茅山土地"、"茶山土地"、"桥梁土地"、"青苗土地"、"梅山神"、"灶神"等等,视土地神为保一方平安的主神。老百姓家庭的堂屋里,都要安"香火"(神龛),将历代祖宗、七曲文昌、孔子圣人、观音菩萨、神农菩萨、灶王菩萨、四官菩萨等都安在香火上。土家族先民以白虎为图腾,对其十分敬畏。农村群众对自家的灶头是很注意保护的,认为灶头有灶神菩萨,平时人们烧火做饭时烟熏起的灰尘吊吊(俗称扬尘),即是灶神记账的账簿,并且把腊月二十四封为"小年",这天是灶神菩萨上天向玉皇大帝启奏人间善恶的日子,因此,届时人们普遍都要"打扬尘"(把屋里上下的灰尘打扫干净),使灶神没了账簿,晚上还要熬麻糖(民间土产)敬灶神,以便将其嘴巴粘住,到玉帝面前说不出话来,免得玉帝降罪人间。

土家族、苗族有多神崇拜的习俗,他们视万物皆有灵,哪怕是一尊巨石、一棵大树都进行崇拜。家里小孩出世了,为了"不兜啰嗦"、祈求神保佑他"易长成人",要拜巨石或者大树为"保爷、保娘"、"干爹、干妈"。有的人家还在十字路口立"指路碑"以保关煞。土家人对祖先崇拜特别虔诚,他们把自家的祖先当作护家神看待。将已故的祖先都分别立起神位,供在"家先位"(神龛上),逢年过节都加以祭祀,祈求祖先保佑全家财发人兴。

农历七月十五日"月半节",思唐镇境内的仡佬族是吃新节(将成熟的

茧而出，另立门户。但随着历史变迁，傩这种原生态的文化事象，在中原等发达地区消逝无踪。20世纪80年代，在思南首先发现，后来陆续发现它广泛分布于乌江中下游流域的德江、沿河等地。

思南傩的活动主要有两大类，即："冲傩"、"还愿"。"冲傩"一般是临时性的，主要是傩信仰者家中一旦发生了不幸，如家中有人生了急病，受了灾害等，就及时请傩法师（即掌坛师）来"冲傩"。他们以为傩法师法术高超，可以上通天曹，下通地府，凭借手中平时养着的几十万神兵神通广大，威力无穷，用法术惩罚鬼邪，强制他们远离主家永不再来。这种仪式比较简单，一般只要两个法师一个晚上便可完成。"还愿"则不同，这是主人事先许下的"愿"，其"愿"的种类很多，祈求老人长寿的"寿愿"，求子的"子童愿"，孩子满十二岁许的"过关愿"，

农作物用来尝新）。苗族、土家族等群众则作为"鬼节"对待，他们认为，"七月半"是家神归位领钱财，野鬼乱窜找钱财的时间，因此，要为祖先封"袱纸"，有的叫"封包"，备办美食佳肴，焚烧大量纸钱，祭祀家祖，好让祖先在阴间有大量钱花，而且要将纸封上，分别写上他们的姓名，祖先才能全部收到。晚上，还要拿着事先留好的菜饭，加上清水，带上香、纸到十字路口或乌江河边向野鬼"泼食"，让那些无家可归的野鬼也能尝到人间烟火，保佑人们平安。

思南县山区民间发现了原始面貌保留最完整的傩坛戏，这是我国历史最悠久的古代剧种，其渊源可以追溯到原始群居时期。"傩"后来被中国文联主席曹禺赞誉为"中国古戏曲的活化石"。"傩"是一种古老的文化事象，渊源于商周时期的方相氏。

关于驱傩活动，史料就有孔子曾观看"有司大傩"的记载。汉代以后，这种活动逐渐发展为具有浓厚的酬神娱人色彩的傩堂戏，中国戏剧正是从中破

◀ 发糕制作
◀ 踩红铧
◀ 傩舞
▽ 和坛还愿
▽ 还愿送神

还有祈求"五谷丰登，六畜兴旺"，一家人四季平安许下的愿等等。凡许下的愿如愿之后，主人就要选定良辰，请掌坛师来举行傩祭"还愿"。"还愿"是一种酬谢神灵的活动，因此比较隆重，少则三天，多则十天半月。"还愿"的仪式大体分为四个阶段，第一阶段为"开坛"，这阶段包括"请师"、"还神"、"发文"、"立楼"、"搭桥"、"调兵"、"差兵"等内容；第二阶段为"开洞"，即由和尚通过地盘请出唐氏太婆，打开桃园上、中、下三道洞门，请出24个正戏；第三阶段为"和坛催愿"，把主人许下的愿催交ाज官；第四阶段为"勾愿送神"，即是由判官勾销主人许下的愿，由掌坛师收兵、送神（闭坛）。"还愿"结束这天，亲朋好友要前来祝贺，晚上还要唱戏祝贺主人平安，主人要款待来贺亲友。

傩的活动除了正祭之外，还有上刀梯、过天桥、下火池、开红山、下油锅、踩红铧、衔耙齿、翻茅、悬斗、栽牛角、钉鸡、筛子装水、吞钉子、吃碗等特殊祭仪绝技。

目前傩文化存在的形式林林总总，涉及民俗、音乐、舞蹈、美术、服饰、戏剧等许多艺术门类，也涉及人类学、社会学、哲学、历史学、民俗学、民族学、文化学、宗教学以及医药学等许多研究领域。

中国国家地质公园丛书

多彩的民间艺术

> 思南历史文化源远流长，至今仍保留着许多在中国历史文化中占有一席之地的传统文化和民间艺术，花灯是土家民间歌舞艺术。婉转动人的优美唱腔、浓郁的乡土气息、灯戏兼容的独特民族风格，折射出乌江流域的人文风采，从而成为戏剧百花苑中的一枝奇葩。

土家花灯

乌江两岸的"花灯"是思南土家族及其他各族百姓自导自演、自娱自乐的一种综合性曲艺，当然还要兼顾酬神。原始的花灯往往从祭祀仪式开始，然后是说唱、歌舞、还有小戏。思南花灯源于唐宋，盛行于明清并流传至今。全县境内，以许家坝、文家店、大河坝、大坝场、塘头等最为风行。

古代的花灯表演时间仅仅限于正月十五以前，表演的地点是堂屋。神龛上是一列列牌位，

▼ 土家花灯表演
▶ 跪拜天地君亲、祖宗牌位

正中天地君亲师，两侧是列祖列宗以及孔子、观音，木匠与瓦匠人家还要加上鲁班仙师等。神灵们坐在神龛的包厢里，亲切地注视着演出的人群。因此，乌江两岸的花灯是人神共同的聚会。

发展到今天，花灯演出已经不拘时间和地点。表演形式上，花灯多种多样，包括说唱艺术、歌舞艺术和初具雏形的戏剧艺术。

说唱艺术涉及内容十分广泛，涵盖天文地理、神话传说、日常生活，可以视为民间历史文化的口头传承。其中有"盘灯"、"开财门"、"说春"、"说十二花园妹妹"等采茶调。

哭嫁歌

在思南的很多土家族村寨，快要结婚的姑娘用哭嫁这种独特的方式表达自己心灵深处的情感，她们通过哭嫁或是向父母表达养育之恩，或是向姊妹表达难舍之情。从此以后将告别父母、告别姊妹、告别故乡熟悉的山山水水。宣告自己作为少女时代的结束，开始充满理想与希望的新生活。思南土家族哭嫁歌的内容十分丰富，分为开声、哭爹娘、哭哥嫂、哭媒人等。

作为一种最富地域色彩的婚俗文化，哭嫁歌的内容表现很宽泛，除了深深地表达离别之情，也较为深刻地表达了对男尊女卑封建习俗的不满，比如哭爹：

　　天上梭罗十二丫，
　　地上梭罗开百花。
　　左边梭罗接黑籽，
　　右边梭罗开空花。

歌中运用比兴的手法，诉说了封建社会里男女命运的不公平。歌中的黑籽指的是儿子，可以心安理得地继承家里的田地和房产。空花指的是女儿，只有被嫁出去的命运，翻山越岭，背井离乡来到一个完全陌生的生活环境之中，开始一种不可预测的未来生活。但是姑娘们哭嫁的内容更多的是对母亲养育之恩的感激，这种感恩之情在哭声里显得更加深沉、更加富有感染力。比如：

> 一尺二寸包缠起，
> 紧点包，紧点裹，
> 害怕狂风吹着我。
> 青布围裙蓝布腰，
> 哪州哪省都背到，
> 哔叽围裙花不明，
> 盘的冤家帮别人。

当然，生活更多是美好的。哭嫁歌的内容里也有很多对美好生活的向往和憧憬之辞。思南土家族哭嫁歌这种情感宣泄的方式是一种来自心灵深处的倾诉，是一种来自灵魂深处的吟唱，是生命的深情演绎，庄严的人生仪式。

土家族"百囍"刻纸艺术

剪纸是一种中国民间传统装饰艺术，古已有之。作为剪纸艺术的一个分支，刻纸作品自成体系。思南土家艺人张著权多年潜心钻研刻纸艺术，不断比较北方豪放简练的简刻与南方精巧秀美的繁刻的个中三味，并从敦煌壁画的构图中获得灵感，通过大胆的艺术想象、夸张、变形，使原生态的土家剪纸提升到了一个新的艺术境界。在此基础上，他自觉深化刻纸艺术的文化内涵，独具创意地将"喜"字文化发扬光大，形成了独具风格的刻纸艺术。张著权创作的百囍图，做到了内容与艺术形式的精美统一。在构图上，他的每幅作品，都以"喜"字为中心，以喜鹊、龙、凤、蝙蝠、葫芦、鸡、羊、鱼、石榴、葡萄等其他图案为陪衬。甚至梵净山、珠穆朗玛峰、长

▲ 龙凤花烛
▶ 土家族"百囍"刻纸艺术
▶ 金钱杆舞蹈

城、天安门、土家风雨桥、苗侗鼓楼、大熊猫等都成为他的创作元素，烘托出一种浓郁的吉祥与喜庆氛围。把一个简单的喜字，赋予了深厚的乌江文化，展示了土家人民对美好生活的向往，使艺术化的"囍"字，升华为一个民族的吉祥图符。

金钱杆

金钱杆是流传于思南的民间舞蹈。其杆长约1米，以竹木做成，一般两端嵌有铜钱，现也有用其他环状物质替代，杆身饰以彩纹。有单杆也有双杆，舞者以杆敲击肩、臂、腰、背、腿，打出有节奏的声音，随之而跳跃舞蹈。两人或多人舞时还相互对击。即兴性较强，可根据自己的情绪、性格和技巧随意击打。

思南土家金钱杆作为思南劳动人民长期生产、生活和漫长历史岁月中逐步演绎的智慧和文化结晶，是一门自成体系、广为流传于思南各乡镇地区且形成了具有完整民俗内容和独立特殊形式的民族民间舞蹈。

金钱杆在表现规模上，一般分两

人对打、两对对舞、多旦多丑三种。舞蹈内容上，动作和唱词一般都表现土家族男女爱情、百姓生产生活，富含"求财、祈福、送寿、迎新、庆节"诸多成分，偶尔亦随环境需求与时间变化，不断幻化动作、唱词，以求吉祥如意。

薅草锣鼓

思南的薅草锣鼓，又叫"打闹歌"，是一种历史悠久、源远流长的民族习俗，也是土家族民间劳动与音乐奇妙结合的一种独特艺术。

风和日暖的天气里，男女老少几十上百人成群结队、浩浩荡荡地登山或下田，给苞谷或水稻薅草。他们携带的不仅有锄头镰刀等薅草工具，还有锣鼓乐器。在蛮荒的山野里，锣鼓声突然铿锵响起，那些本很懒散的薅草人便突然似神灵附体。最有趣的要算打锣鼓的两人，上蹿下跳、又说又唱，活像两个精灵。喧腾的锣声、紧密的鼓点、野性的山歌，具有一种无法言传的感染力。无论内在节奏怎样疾徐或张弛，那延续一天的锣鼓与歌唱，始终与薅草的劳作相生相伴。情到高潮，总是一呼百应群起而歌，起伏的歌谣像汹涌的浪潮在山头与田间回旋，仿佛土家人灵魂深处发酵千年的激情被熊熊点燃。只有当日影在山、即将收工的黄昏后，锣鼓声才会渐行渐弱、曲终人散。

▲ 薅草锣鼓

旅游思南

思南石林景区
文家店—荆竹园景区
思林黑河峡景区
岑头盖—四野屯景区
鹦鹉溪温泉景区
板桥郝家湾景区
思唐古山城景区

思南石林景区

思南石林是地球上同纬度地区迄今发现的发育最好、生态保持最佳、保存最完整、出露面积最大的极具科普性和观赏性的连片喀斯特石林。空间上连片分布,类型众多,包含了石芽发育从幼年到青年到老年的各种形态,有针状石林、剑状石林、塔状石林、柱状石林、城堡状石林。

▲ 长坝石林绵延三个丘陵,奇峰异石造型各异,错落有致
▶ 长坝石林景点分布图
▶ 夕阳下的石林更加俊美

思南石林位于地质公园西部乌江北岸,景区位于思南县西南角长坝乡境内,距县城70千米,距乡政府驻地1.5千米,东与合朋镇相邻,南依滚滚乌江,西与凤冈接壤,北靠四野屯自然保护区,整个石林绵延几个丘岭,以喀斯特石林为主要地质景观。

整座石林,高低粗细,疏密有致,青松翠竹,点缀其间,浓淡相宜,一条灌渠穿林而过,渠水清澈见底,山石倒影,层次分明,犹如一帧水墨泼出的风景画。穿梭林中,目不暇接,30多米高的石林直插天空,状如削枝的斑驳古松,低如十来米的石林,形像破土的竹笋,敦实的魁伟似将军,慈祥的貌似老人,有的酷如熊猫,调皮的好似猴儿。艳阳高照,竹影婆娑,百鸟啁啾,真乃千姿百态的艺苑珍品。主要景点有伏虎石、三仙迎客、四大金刚、雄鹰对峙、皓翁戏童、八阵图石、鬼脸石、群英会等。

思南石林属于典型的溶洼边坡型石林,主要由二叠纪石灰岩,250万年以前,随着海相沉积结束、漫长的地壳抬升和水流侵蚀,埋藏的石芽破土而出,沿节理、裂隙溶蚀,经地壳抬升,水流侵蚀,最终生长成奇秀绝妙的地质景观。思南石林是迄今发现的中国同纬度地区发育类型最齐全、保存最完整的极具观赏性的连片喀斯特石林。出露面

积约4.9平方千米,空间上连片分布,类型众多,有针状、剑状、塔状、柱状和城堡状。包含了石芽发育从青年到老年的各种形态,还可见溶蚀原野、溶蚀洼地、田野、森林、民居共成一体的自然景观,区内林相多变,景色秀丽,能从小中见大、大中见巧、巧中见奇、奇中见幽。远观,有石林与树林的片状分布,有人与自然的和谐相处;近看,众多惟妙惟肖的象形景观,美不胜收。

三仙迎客

位于思南石林景区入口处。三块高大的石芽犹如三位仙家,翘首伫立,遥望前方,在欢迎远道而来的客人。也有人把它称为桃园结义,三块石芽形似当年的刘关张,刘备敦厚持重,关羽忠义峻拔,张飞洒脱乖张,在桃花盛开的季节,备下乌牛白马,祭告天地,焚香再拜,结为异姓兄弟。三仙迎客是因为地表水沿灰岩内的节理面或裂隙面等发生溶蚀,形成溶沟或溶槽,原先成层分布的石灰岩被溶沟分开而成的。

石林、梯田、人家

对于这里的土家族、苗族人民来说,喀斯特不仅仅是一种地貌形态,更是一种生存环境,一种生产资源,也决定了他们的生活方式,让人真切感受到人与自然的和谐。18户居民,20多亩耕

地，马尾松、水白杨、枫树、竹子、水丝栎、桊树、扒岩姜、红果等上百种树木、灌木和藤类植物。整个景区树木葱郁，芳草萋萋，村舍掩映其中，农作物滋长于田地，时闻犬吠鸡鸣，偶见耕牛横卧，而路遇的土家农夫或者热情招呼，或者憨厚地微笑，无论空手还是负重，总是闪在小径一侧，为你腾出道来，友善地看着你路过。田畴沃野之上，竹篱木舍，鸡鸣犬吠，几十户人家点缀其间。其情如诗，其境如画；浑然天成，浓淡相宜。石林与这里的生灵——人、飞禽走兽、森林植被等，共生共荣，和谐相处。

◀ 各种形态的石芽
◀ 三仙迎客
▲ 人与自然的和谐
◀ 石林梯田人家

铜墙铁壁

两列高大的柱状石芽平行排开。行走其间，犹如进入古代修筑的城墙，两边石芽如铜墙铁壁，固若金汤，坚不可摧。因为节理和岩性的地质学机理，"铜墙铁壁"未能发展成为"三仙迎客"那样相对孤立的尖刀山状石芽，随着沧桑岁月的流逝，也许在亿万年后的将来，他会继续为世人演绎一番"桃园三结义"的故事，而原来的"三仙"或"刘关张"会永远地遁去吧。

伏虎石

地表流水对碳酸盐岩的溶蚀形成了伏在半山腰的猛虎，它匍匐在地上，眉目耳鼻头身脚尾，形神兼备，惟妙惟肖，天造地设。佛教传说伏虎尊者所住的寺庙外，经常有猛虎因肚子饿长哮，伏虎尊者把自己的饭食分给这只老虎，时间一长了猛虎就被他降服了。人们就把这头匍匐在弥勒尊者脚下的"猛虎"形象地称为伏虎石。

▲ 铜墙铁壁
▲ 卧虎石
▶ 皓翁戏童
▶ 鬼脸石
▶ 祈雨石

鬼脸石

思南地区在漫长的地质年代中，长期处于台盆海洋环境，在流水搬运下沉积形成了大规模的粒屑石灰岩，以及生物骨架等性质的石灰岩。石灰岩的主要化学物质为碳酸钙，极易受到侵蚀。较为松散的碳酸盐岩在流水和生物的共同溶蚀下，在景区的一个柱状石芽上形成三个较大的溶孔，组合起来状若骷髅，呼之欲出，恐怖至极。

皓翁戏童（犀牛望月）

在三角山游览景群，有一组石芽，高大者酷似一位颤悠悠的皓首白须的老者，正弓着腰和围在他身旁的总角小儿说笑嬉戏，老翁慈祥，孩子谦恭，一派儿孙绕膝、共享天伦之乐的和睦景象，栩栩如生。

祈雨石

位于在三角山游览景群。石芽与蚀余红土形成强烈的反差，犹如在干枯

的土地上，几位虔诚拜神的农夫，手捧祭品，祈祷那解救众生的甘露。反映了当地人们渴望美好明天，创造美好生活的期盼，它真真切切地把"地上没有天上求"的思想变成一种理想现实！

试斧石

流水沿碳酸盐岩垂直节理溶蚀，形成一道整齐的裂缝，如斧砍一般。相传鲁班的弟子曾经云游至此，感化于这里宛如世外仙境，乐不思归，在此隐居，该缝即为其试斧所致。

群英会

地面流水沿岩石裂隙下渗形成支支挺拔秀丽的石林，像身披长袍的士大夫，正激扬文字，指点江山，触景生情，自然而然地把人们的想象带入到三国赤壁之战前东吴群贤毕至、诸葛亮舌战群儒、群英宴会的空间。

四大金刚

位于石林科普景群，四个巨大的石芽排成一字，傲然挺立的巨石，恰似佛教守护四方的"天王"，四大天王为佛教的护法神，东方持国天王、南方增长天王、西方广目天王、北方多闻天王。四大天王聚集于此，庇佑人间风调雨顺。地质科学上，"四大天王"驻守于此的解释却另有不同：碳酸盐岩质地较均匀的情况下，地表水沿岩石裂隙溶蚀形成四个形态相近的巨大石芽。

雄鹰对峙

相对较纯的碳酸盐岩表面更容易发育溶穴、溶孔，从而形成各种象形景观。在石林峭壁处，一只雄鹰站立石尖，勾下铁嘴作搏斗状，另一只紧附陡直崖壁，似未站稳，也不得不作出应对，决斗还未开始，高下已分。

师徒取经

一组大小不同、形态各异的五个石芽，前面的石芽，很像身披袈裟，头戴僧帽的唐僧，你看他手放在胸前，口中正念念有词，似乎在诵读经书，又

◀ 群英会
◀ 四大金刚
◀ 雄鹰对峙
▼ 师徒取经

或是在为我们祈求平安。旁边那个石峰，很像孙悟空，他，手搭凉棚，正在了望敌情呢。后面还有沙和尚，猪八戒慵懒地坐在地上歇息，而沙僧却牵着

- 吉祥如意（大象石）
- 大洞湾天坑
- 刘家坪天坑溶洞

白龙马。正如歌中所唱的："你挑着担，我牵着马，迎来日出，送走晚霞。"唐僧师徒永远地被点化在思南石林这片土地上，给人们带来美好的遐思和想象。

吉祥如意（大象石）

一城堡状石芽，由于千百年的溶蚀作用，在岩体上形成若干玲珑剔透的中空洞穴，其中一个较大，犹如一扇月亮门，刚好可以容一个人出入。整个石芽形如一头垂首站立的大象，伸长了巨大的鼻子正在饮水嬉戏。因为其惟妙惟肖的独特造型，深受当地人喜爱，人们又把这个景点叫做吉祥如意。

月老献殷勤

一块裸露的石芽上,大小不一的喀斯特溶孔组合成为一张生动滑稽的月老脸谱。你看他睁一只眼闭一只眼,一副悠然自得的神态。月下老人主管着世间的男女婚姻,在冥冥之中以红线系男女之足,以定姻缘,所以每到这里的游客都会感谢月老赐予的婚姻幸福,未婚青年也会对他诉说心里美好的愿望,祈求月老一线牵动千里姻缘。

八阵石图

石芽与溶沟广泛发育在树林边,纵横棋布,犹如三国诸葛先生又摆起了八卦阵,历经岁月沧桑,任它风吹雨打,任它百万雄兵,我自岿然不动。

双相林

树林与石林相映成趣,树林阴柔却善动,石林阳刚而安静,二者结合得亲密,却又界线清晰,妙景天成。

红豆杉

名紫杉、赤柏松,系红豆杉科,属浅根植物,是第四纪冰川遗留下来的古老树种,在地球上已有250万年的历史,是世界上公认的濒临灭绝天然珍稀植物,被称为植物王国的"活化石",我国将其列为一级保护植物,它不仅是重要的用材树种、观赏树种,更是珍贵的药用植物。

千年银杏

高40米,需4~5人才能合围。银杏属仁杏科、银杏属,是裸子植物银杏纲中唯一存活下来的树种,为中国所特有,有活化石之称。

天坑

天坑是指具有巨大的容积,陡峭

而圈闭的岩壁,深陷的井状或者桶状轮廓等非凡的空间与形态特质,发育在厚度特别巨大、地下水位特别深的可溶性岩层中,从地下通往地面,平均宽度与深度均大于100米,底部与地下河相连接(或者有证据证明地下河道已迁移)的一种特大型喀斯特负地形。在长坝石林景区广泛分布着地下水位很深的地下暗河,岩层呈水平分布,透水性和透气性强,加之思南地区降水量大,充足的地表水侵蚀强烈,在地下暗河或溶洞的入口处形成了大范围的崩塌,长坝石林景区的大洞湾天坑、刘场坪天坑就是这样形成的。

文家店—荆竹园景区

文家店以文宝洞溶洞和洞穴堆积物而闻名，文宝洞以奇秀幽深而令探访者拍案叫绝，堪称乌江流域第一洞。荆竹园石林密集，多洞穴、裂隙，与藤蔓缠绕生长，与长坝石林的高大宽广相比，宛若小家碧玉、深闺秀女，是地质公园喀斯特体系的重要补充。

文家店—荆竹园景区在文家店镇境内，与长坝景区隔江相望，文宝洞"洞中有洞，厅外有厅，层层相套，洞洞相连"，形成一景更较一景绝的奇妙景象。洞内堆积物千奇百态，有滴石，如石钟乳、石笋、石柱、鹅管；有流石，如边石、石幔、石旗、钙板；还有毛细管水沉积物石葡萄、卷曲石、洞穴崩塌堆积物，几乎囊括了喀斯特地下沉积的所有类型，而且形态生动，栩栩如生。荆竹园是清末白莲教白号军起义主战场，贵州省重点文物保护单位，面积约3平方千米，海拔950余米，整个地形呈椭圆形，隆起群山之中。荆竹园石林密集，多洞穴、裂隙，与藤蔓缠绕生长，与长坝石林的高大宽广相比，宛若小家碧玉、深闺秀女。

文宝洞

笨狗迎宾，一只憨态可掬的沙皮狗翘首凝视前方，大大凸凸的嘴巴，深深凹陷的眼睛，还有耷拉到下颌处的满脸褶皮，笨得可爱，它还带着自己的一窝狗宝宝，一起欢迎远道而来的客人。

▲ 笨狗迎宾
▲ 文家店荆竹园景点分布图
▶ 遍地珠宝
▶ 经幡
▶ 神龟戏水池

遍地珠宝,受改造的含泥方解石堆积洞中,晶莹剔透,色泽鲜亮,犹如一捧捧珍珠玛瑙,富贵满地令人眼馋,初来乍到还以为自己找到了某个封建故王朝的藏宝洞,令人流连忘返。

金粽子,形若粽子,实质上是造型奇特的石钟乳,黄色先于白色形成,体现了石钟乳的发育仍在继续。

经幡,为饱含碳酸氢钙的薄层水从洞壁裂隙流出形成,其形酷似法寺中的经幡,层次清晰,色泽柔和,非常形象生动,极具美学价值。

龙鳞石,乳黄色钙质鳞片状堆积物依势排列,叠置有序,具油光质感,生动形象,恰似传说中的龙鳞。

神龟戏水池,钙化堆积体构成堤埂而形成一个天然水池,一只神龟戏水于池中,其体态鲜活,惟妙惟肖,栩栩如生。

苗人银佩,银佩乃尊贵喜庆之物,沿洞壁裂隙留下的细小水流在该处沉淀形成了一排精致的鹅管,排列整

齐，造型雅致，极像是苗族女子婚嫁节庆时所戴银佩，极具特色。是石幔与鹅管的组合景观。

擎天双柱，位于文宝洞中。该洞洞底平坦，洞宫幽深绵远，这两根粗壮的喀斯特石柱宛若擎天巨柱般支撑着此洞广宇大厦。

秋日梯田，位于文宝洞中。地下水从喀斯特裂隙渗出，由于承压和温度的变化，水中二氧化碳迅速溢出导致钙质沿流水面沉积，从而形成如秋日梯田般的景观，美不胜收。

乌贼攀岩，位于文宝洞中。静观此景，陡峭的岩壁上几只乌贼竞相角逐的场景清晰可辨，第一只已领先第二只一个身位，第二、三只齐头并进难分先后，第四只不甘落后紧紧相随，场面热烈，极具感染力。

仙人拜寿，位于文宝洞。看那高高在上的显然是个寿仙，虽然身后已经

堆满了石葡萄，但当有人把新的礼物送上时，他还是流露出欣喜之色，原来礼多了神仙也不怪！

雨后春笋，位于文宝洞中。喀斯特石笋小范围内呈层分布，形象极为生动，犹如雨后春笋。

一帘幽梦，位于文宝洞中，属钙华瀑景观。洞壁的陡坎处，钙华大量堆积，形成片片玉帘，似是仙女的闺阁，在那若隐若现似真似幻的石帘背后，藏着多少美丽的期许和幽幽的惆怅？

镇洞宝塔，位于文家店景区文宝洞中。黄白色宝塔岿然挺立于洞中，"塔"身圆润饱满，造型优美，丰姿绰约，即将与其上方的石钟乳对接形成石柱。

◀ 秋日梯田
◀ 雨后春笋
◀ 一帘幽梦
▲ 仙人拜寿
▼ 镇洞宝塔

荆竹园

荆竹园海拔950米，突起于群山之中。荆竹园四周山势陡峭，悬崖绝壁，中部低洼，呈椭圆状，整座山形如一艘在大海中前进的巨轮。作为军事要地，易守难攻。清咸丰同治年间，白号军曾与清军在此进行过8年的血战，留下许多古战场的遗址。1982年列为贵州省重点文物保护单位。白号军遗迹主要有东卡、北卡、石碉堡、吊马

- ▼ 荆竹园
- ▶ 天然形成的溶蚀岩穴，白号军曾经用来饮马
- ▶ 风化崩塌的岩石

柱、古战场、万人坑等，荆竹园内还有石林、大龙洞等地质遗迹。

白号军起义是在清代咸丰同治年间，贵州思南境内白莲教支派灯花教教主刘仪顺与秦魁榜、何冠益等领导的农民起义。起义军人人头包白巾为标志，故称"白号"。义军聚兵数十万，纵横千余里，持续十余年，先后攻下思南、石阡、印江、务川、湄潭、正安、绥阳、桐梓、仁怀、遵义、广顺、长寨、定番、黔西、大定等府州县城，并直逼安顺、毕节城下，打遍了半个贵州，建立了汪家寨、岑头盖、秦家寨、偏刀水、荆竹园为主的大小几百个营垒，并在岑头盖建立宫殿府署，举朱明月为秦王，设官赐爵、铸印铸钱、发布誊黄(布告)，号召农民，联合友军，沉重打击了清王朝的封建统治。

清咸同年间，白号军在思南起义成功之后，于岑头盖建立农民政权。咸丰十年（1860

年）四月十二日，岑头盖派号军一举攻下荆竹园，并以此建成号军的根据地，驻军1.2万多人，建营房2000余间，建堡垒20多座。在长达8年的时间，先后击退数十支前来侵犯的清兵。清廷多次派兵攻打荆竹园，均遭失败后，又增派席宝田领着配有洋枪洋炮的万余湘军，并与滇川黔军配合多方向荆竹园进攻。席宝田与李元度会合后，先用洋枪洋炮开路，攻破了荆竹园后，1.2万多义军除2000多人突围外，其余9000多人都是与清兵展开肉搏而阵亡的。不少身负重伤的号军临死不屈，跳崖就义。号军守将肖桂盛、李兴德手持大刀左冲右杀，杀死数十名清军后死于阵前。

荆竹园失守后，2000多间兵营和粮食武器库被清兵烧尽。而今，山上东西南北四大城门、壕沟、营垒遗址仍存，当时号军用的碓磨生活用具、战斗武器和被烧毁的粮食常在地里挖出。

东卡门位于悬崖绝壁之上，是上山的入口处，台基尚存，是出入荆竹园的重要关隘。北卡门地北面出入的重要关隘口，遗址尚存，卡门附近有石林景观。万人坑，位于东卡门之侧。白号军起义失败之际，清军攻入大营，白号军从东卡门夺路而逃，因道路狭窄，下临绝壁，无数人践踏跳崖而死，极惨烈，后人在此挖出数百具白骨，故名万人坑。石雕堡位于荆竹园东面悬崖之上，巨石垒砌，高约4米、呈圆形，下有通道至悬崖，为战斗工事。至今保存较好。吊马柱位于荆竹园中部低注处，地势平坦，是白号军养马场遗址。

在荆竹园景区，有一个地质遗迹非常引人注意，被形象地称为"砚台石"，由流水侵蚀和生物溶蚀共同作用形成。中部圆月凹槽，一盘清水点缀其间，恰似山林神异判别人间，书写祸福的砚台，沧桑而久远。

思林黑河峡景区

> 思林景区的"河、桥、谷、洞、峡"美景天造、自成一体，景点相对集中，而且景观类型丰富，清新养眼。乌江与黑河在此交汇，天生桥与电站大坝交相辉映，峡谷与盲谷，喀斯特泉与干谷，溶洞与天坑相间出现，排列有序。

▼ 风光旖旎的黑河峡
▶ 黑河峡景区景点分布图
▶ 天生石桥
▶ 人字瀑

　　思林景区在天生桥上鸟瞰，黑河峡就像大地裂开的一道细缝，蜿蜒连着磅礴的乌江河谷；荡舟黑河峡仰望，青山绿树间蓝天形如一条弯沟，难怪有人称之为"天沟地缝"。更为奇特的是位于崖壁的"三涌泉"，一日三涌，不盈不亏，仿佛昭示着大自然的"生活规律"，亦为游览黑河峡增添了几分神秘色彩；攀越穿洞、犀牛洞，探索大自然的奥妙，既愉悦了心情、锻炼了体魄，又增长了见识、陶冶了情操，感觉妙不可言，是科考探险、休闲泛舟的绝佳路线。

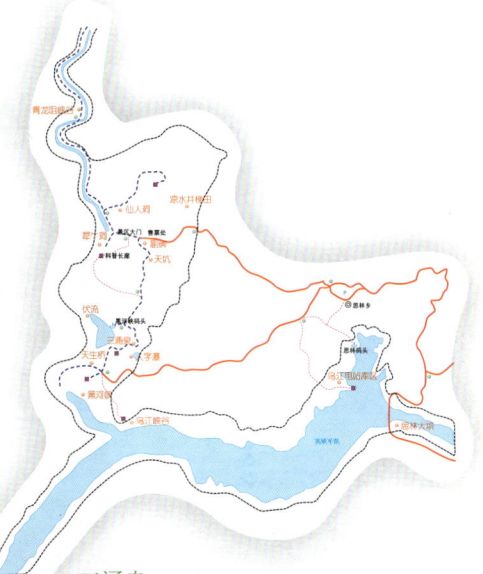

天生桥

天生桥，洞长约300米，高约70米，洞内时而乱石堆积，时而流水淙淙，洞壁陡峭，几不可攀。源自大河坝乡的黑河，在汇入乌江前形成了一条地下暗河，亿万年的地质构造运动和流水侵蚀，使地下河与溶洞的顶部崩塌后，残留的顶板横跨河谷两岸，造就了这座规模宏大的天生桥。洞顶与地面之间的岩层厚20～30米，洞内有洞分层明显，反映了新构造运动以来该区域地壳的间歇性抬升。桥上是沃土阡陌，桥下暗河汹涌，上下悬崖高峻陡峭，飞鸟盘旋。据当地人传说几千年前，一支巴人因避战乱来到黑河峡，见峡谷陡峭险峻，藤萝覆盖，溪水千回百转，汩汩不息，不知源自何处，于是溯流而上，遁入崇山峻岭之中，去寻找安居乐业的桃花源。当年的巴人就是乘着木筏，绕过礁石，涉过暗流，钻出了这座天生桥，进入了他们大山中的家园。神秘而富有传奇色彩的黑河峡和天生桥见证了思南先民勇敢勤劳的生活历史，也为今天的游客提供了寻幽访古、追寻巴人开拓思南这片土地足迹的自然文化探险之旅。

三涌泉

三涌泉，位于思林景区黑河峡崖壁上，为一喀斯特间歇泉。受水源补给变化影响，泉水每天都会喷涌三次，终年不息，故名"三涌泉"。

人字瀑

人字瀑，黑河峡崖壁上发育两股喀斯特泉，泉水清凉，呈"人"字形自崖上飞泻而下，势如奔马，声如洪钟。

- 黑河峡巴王伞
- 乌江古纤道
- 犀牛洞干谷
- 土家民俗村和凉水井梯田

其上方为喀斯特干谷,是因为地表水渗漏或因地壳抬升而通过落水洞转入地下,原来的地表河谷变成干谷。

犀牛洞

犀牛洞,自天生桥前行,有溪水自崖壁上的洞内涌出,飘飘洒洒犹如摇曳的马尾,当地人称之为马尾水,马尾水是一条长约千米的暗河。暗河也叫"伏流",是地下岩溶地貌的一种地面以下的河流,是由地下水汇集,或地表水沿地下岩石裂隙渗入地下,经过岩石溶蚀、坍塌以及水的搬运而形成的地下河道。犀牛洞怪石林立,拟人拟物,形态各异。洞中有洞,河中有河。思林电站蓄水之前,暗河出口处有巨石挺立,宛若犀牛望月。

乌江古纤道

乌江古纤道，位于乌江思南段两江口悬崖绝壁之上。乌江，古为延江水，全长1037千米，经涪陵汇入长江。中下游一带，多峡谷，风景独特，素有"千里乌江画廊"之称。在峡谷的绝壁上，沿着江水有一条狭长的纤道，远望去，犹如一条长龙走过留下的深深足迹。高出江面2～6米，明清时期人工开凿，凹陷于绝壁之中，宽度约0.5米，高不足1.5米，纤夫须躬身其中，匍匐而行，乌江纤道以此段最为险峻，总长1000多米。

乌江古纤道是土家族先民不断迁徙和与外族战争形成的结果。它的开凿，对贵州乃至整个西南地区经济文化的发展都产生了深远的影响，也为以后各代封建王朝对贵州地区的开发和控制起了一定的作用。更重要的是，乌江地区的人民及其先民在他们的长期生产劳动中，用勤劳和智慧创造了灿烂的乌江流域文化。

土家民俗村和凉水井梯田

土家民俗村和凉水井梯田，沿山路徐上，绿树花丛掩映之中，土家吊脚楼房舍婆娑，鸡犬相闻。男女衣着，与外人迥异，无论男女老幼，皆怡然自乐，颇有陶渊明笔下描绘的桃花源景象，正所谓："往迹浸复湮，来径遂芜废。相命肆农耕，日入从所憩。桑竹垂余荫，菽稷随时艺；春蚕收长丝，秋熟靡王税。荒路暧交通，鸡犬互鸣吠。俎豆独古法，衣裳无新制。童孺纵行歌，斑白欢游诣。"贵州素有"地无三尺平，天无三日晴"之称，降水丰富，当地人依山就势，建造了很多梯田，世世代代养育了土家人。

岑头盖—四野屯景区

岑头盖—四野屯景区位于青杠坡镇,乌江支流六池河上游。主要是各种石山和因溶蚀、风化作用形成的象形景观,另有滑坡、崩塌等灾害地质遗迹景观和数量众多的角石、菊石等古生物化石遗迹。

岑头盖—四野屯景区位于青杠坡镇,乌江支流六池河上游。主要是各种石山和因溶蚀、风化作用形成的象形景观,另有滑坡、崩塌等灾害地质遗迹景观和数量众多的角石、菊石等古生物化石遗迹。小罗映白鹭天堂,山水秀美,椿木成林,上万只白鹭栖息于此,当地人爱鸟,人鸟和睦为邻,其乐无比。无论春暖花开季节,还是月明星稀的夜晚,都能观赏到成群可爱的白鹭。

一线天

由于新构造运动的快速抬升,流水沿着节理和裂隙冲刷溶蚀岩体,迅速下切形成一种从下往上看"天如沟",从上往下看"地如缝"的地形,在学术上被称为"天沟、地缝"。

▲ 四野奇山风景异
▶ 岑头盖—四野屯景点分布图
▶ 之字峡蜿蜒曲折
▶ 金猴观海

长颈巨人

位于青杠坡双扇门。溶蚀和风化作用共同形成了这个从谷底拔地而起的孤峰，状若一长颈巨人，传说是一单身土家男青年，在此候盼佳偶，痴情地望着来往山道的行人。

之字峡

因峡谷峰转如"之"字而得名，为沿头河一支流，峡谷水面宽阔平缓，白鹭分飞，荡桨其中，令人心旷神怡。五叠瀑在之字峡内的悬岸之下，山溪水色清冽，形成五叠瀑布相连，景色秀丽。

甲鱼出水

一片如刀削般石芽组成的象形景观，远望犹如一只匍匐向上的甲鱼，甲鱼头探出水面，伸向空谷，其神其形妙不可言。

金猴观海

位于青杠坡石人山。石人山状如一男子雄踞峰顶，头、颈、胸、腹层次分明，栩栩如生，神形兼备，宛如仙人驾临。移步换景，不同的角度看，又像山顶上静坐的一石猴，双手下垂，放在膝盖上，默默凝视远方，仿佛在思念花

果山的猴子猴孙；又似憧憬着外面的世界，暗下决心，去寻找海外的仙山，拜谒不老的神仙，习七十二般变化通天的本领。

故垒荒丘

由两块状若馒头的残丘组成，远远望去，恰似古代疆场士卒的兵营，岁月流转，人去营空，留下的只是座座荒丘。

天笋峰

位于青杠坡双扇门。由山体断裂形成，处处是斧劈刀砍之状，其状如笋，上下一体成独立山峰状，造型奇特；突兀侍天，四壁如削，高不可攀，远看巍巍，近看遥遥。峰顶灌木丛深，别有情趣。

吻岩

为溶蚀、风化、崩塌组合地貌。巨大的岩石原来是一体的，经过亿万年的溶蚀风化作用，岩石沿节理断裂后崩塌堆积而成。一石宛若英俊的土家族青年，整齐的头发，突出的后脑，宽平的额头，硕大的耳朵，低头亲吻着对面一块大岩石，仿佛深情地拥吻着他所热恋的情人。

贵州楠木王

位于青杠坡高庄寺村土家族聚居地。有1300多年的历史，树高25米，直径近3米，树冠覆盖面积184平方米，根深叶茂，斑驳沧桑，独木成林，为贵州楠木之最。楠木属中亚热带常绿乔木，为我国的特产树种，国家二级保护植物，主要产于我国四川、云南、广西、湖北、湖南等地。青杠坡还生长有乌龙茶、红球等古老珍稀树种，极具观赏性。银杏在风景区内广有分布，树大小不等。侏罗纪孑遗植物，又称公孙树，落叶乔木，雌雄异株，叶片扇形。种子椭圆形，果仁可以食用，亦可入药，木纹细密，可供雕刻之用，是我国的特产。榉木也是珍贵树种，俗称"旋朗"，落木乔木，高可达七八丈，树皮可食，材质细密，是雕刻及家具制作的上等材料。

员外思乡

在溶蚀和重力崩塌作用下形成一

石凌空之景，状若古代员外，高冠峨带，端坐山坡，低首沉思，不禁让人顿生乡关何处的离愁。

万卷书城

位于青杠坡景区。巍峨的岩壁层状分布，整齐叠加，沿公路两侧延伸数公里，如万卷藏书，静静伫立，等待人们打开书卷，去探索大自然的奥秘。

岑头盖

省级重点文物保护单位。清代白号军起义遗址，又名钱桶盖。位于杨家坳乡，耸立于六池河西岸的群山之间，海拔900多米，四周峭壁悬崖，地形起伏多变，周长15千米，中部低洼开阔，有田土600多亩。元代于山顶建有岑子寺，寺前有天然水池，终年不涸。现有3座水库，呈品字形排列其间，能容水80万立方米。岑头盖地势险要，风景优美，有空谷岩钟、山巅石鼓、天台积雪、古洞生风、白练高垂、红霞映照、六池渔火、白杲樵歌等八大景，清咸丰七年（1857）腊月初四，灯花教首领刘仪顺，于鹦鹉溪与致和团首何冠益组织白号军起义，攻破府城，杀死知府，于次年2月在岑头盖修筑于前、后、左、中、右5大营盘和8道卡门，营房2000多间，驻军1万多人。

◀ 天笋峰
◀ 贵州楠木王
▲ 员外思乡
▼ 万卷书城

咸丰九年（1859），刘仪顺在岑头盖建宫殿，设府署，立朱明月为秦王，后称嗣统真主。刘被封为左丞相，其余将领依次封职。同治二年（1863），刘仪顺建立的秦王政权迁往秦家寨后，岑头盖仍是白号军的根据地之一。当年白号军建立的宫殿、府署、昭宗祠遗址至今尚存。

在岑头盖的石壁上，有摩崖题诗。诗文曰"丹心一片俯大千，层峦叠嶂费周旋。莫谈白虎当年事，怎怪红苗旧日鲜。人道须求天道路，诗仙难比谪仙全。萍踪未赏飘香月，破纳涂鸦实惨然。"这是号军起义失败10年后，一名从清军的屠刀下逃脱，到四川酉阳削发为僧的起义者，寻访号军遗迹到此，悲感交集，忍不住在石壁上写下的诗。

玉壶石

位于青杠坡岑头盖，由水平泥岩差异风化、改造所致。上为壶口，壶身在下，嵌于崖壁，似乎是神仙道人对弈于此，乘兴而来，尽兴而归，却把水壶遗忘了。

鹦鹉溪温泉景区

思南地热资源丰富,温泉天然出露点主要有鹦鹉溪、罗湾坨、兴隆、天桥等处,全县日出水量在10000吨以上。鹦鹉溪温泉、冷泉与热泉互为毗邻,泉水清洌,周围林木苍翠,绿水长流,优美的田园风光与土家民居相映成趣,是现代温泉疗养、休闲度假的理想胜地。

鹦鹉溪温泉景区,位于思南县鹦鹉溪镇。地处武陵山腹地的鹦鹉溪,平均海拔743米,最高海拔1143米,最低海拔343米,受到乌江的强烈流水切割侵蚀,呈现出落差极大、突兀险峻的高原峡谷地貌。鹦鹉溪的闻名,得益于号称"乌江第一汤"的白岩井温泉,同时,还有极具探险旅游开发潜力的麻池洞,与园内石林、溶洞等观赏型景点在功能上形成互补。主要旅游资源有渐鸿塔、麻石洞、断头河、喀斯特瀑、温泉、冷泉等,鹦鹉溪以自然原生的生态环境、富含矿物质的神奇温泉和植被茂密的天然氧吧,吸引着越来越多的游客前来度假休闲、放松疗养。

◀ 岑头盖景点分布
◀ 玉壶石
▼ 鹦鹉溪山村画意

乌江第一汤——白盐井温泉

位于鹦鹉溪镇大山深处的相思溪边，距离乌江只有2千米。鹦鹉溪地下热水无色、无味、无沉淀物、清澈透明。自流温泉、ZK001地热井和ZK002地热井的温度分别为22～38℃、60℃和45℃，物理性质优良。地下热水水质类型为重碳酸、硫酸—钙、镁型或硫酸—钙、镁型。锶、偏硅酸、氟达到国家医疗矿泉水命名标准；水质未受到污染。鹦鹉溪温泉的锶含量为10.55毫克/升，已超过国家命名医疗矿泉锶水的标准，被称为"锶泉"。锶是一种不稳定元素，浸泡锶泉后会在身体表面形成一层"膜"，该膜具有改善心血管、强筋健骨、恢复疲劳等保健功能，对皮肤病、关节炎、冠心病具有良好疗效。

白盐井温泉开发历史悠久，当地人经常在这里洗浴，白天大多是小孩，夜晚则是成年人，裸浴的乡人与路人相应答，成为当地一景。这处温泉水质无色透明，无异味无污染和有害成分，矿物质丰富，对治皮肤病有奇效，当地远近群众，有因卫生

▲ 人间仙境
▲ 争先恐后
▶ 鹦鹉溪
▶ 渐鸿塔

条件不好，患上疥疮等皮肤病者，往往专程前来白盐井温泉洗浴。而严寒中的除夕到来之前，裹着厚厚的棉衣到温泉洗浴迎接新年，更是当地群众传承几辈的风俗。更为奇妙的是，相思溪畔还有为数众多的冷泉，形成了冷热共存的奇妙景观。

渐鸿塔

从鹦鹉溪镇逆相思溪而上，不到3千米，可见溪旁的一个小山，一座五层的古塔耸立，前后有大山呵护陪侍，白色的塔身、檐角飞翘，与山旁的农舍、梯田相映衬，仿佛一幅山水画。渐鸿塔建于清光绪二年（1876年），至今已有130年的历史。塔身为六角形，五层。现存两碑，一为《渐鸿塔序》，另一块是功德碑，记载了当地乡绅捐款建塔的情况。

麻池洞

距白盐井温泉1千米。麻池洞的洞口较小，进去后就是一个可容万人的大厅，而各种精美绝伦的艺术作品扑面而来。天然的钟乳石，洁白如玉石，晶莹如玛瑙，如大佛坐莲，如鹦鹉高栖，如玉柱擎天，如龙蛇飞扬。地上满是石珠，如珍珠玛瑙，令人爱不释手，恍然置身于阿里巴巴的宝库。而地面缓坡上则是层层梯田，田坎随心所欲，曲折弯曲，清水从一道道田梗上翻流，谁不说正是阳春三月栽秧时节，只是不见那耕牛和老农而已。移步换景，韵味十足，千奇百怪，叹为观止，进得洞中，让人流连忘返。洞里有暗河带来清新的空气，四季恒温，冬暖夏凉，气候宜人。麻池洞大如广场，电筒照过去也看不见

边，窄的地方连挤一个人进去都难，洞中有洞，四通八达，没有当地人引路，很可能就会迷失在里面。当地的老辈人传说，此洞三天三夜走不出来。对此洞有兴趣的农民，曾多次相伴探奇，用光了手中作照明的燃料，也未探到洞底，只得无功而返。作为一个难得的探奇休闲的好地方，麻石洞早就名气在外了，《思南风物志》就有记载。

悬棺葬遗址——彭家洞

从思南县城顺乌江而下，进入一个鹦鹉溪镇的桶井峡口，在左岸40多米高悬崖上有一洞口，当地人称彭家洞。1991年贵州省考古所在彭家洞出土了一具明代干尸，因随葬物品大多被盗，无法确定其身份，仅从干尸身着的服饰可以推断他是一位明代的三品文官。洞棺主人神秘的身份引起了人们的浓厚兴趣，有学者认为干尸是明洪武二十八年承袭思南宣慰司使的田宗鼎，也有人认为是明崇祯年间成都将军彭吉，但都没有确凿的证据。或许有一天，随着更多的历史资料的浮现，才能解开这个谜团，但是，这一考古发现却已证明了思南地区作为黔东首郡，在贵州历史文化中的重要地位。

板桥郝家湾景区

郝家湾其文化渊源、选址布局、建筑艺术等方面吸引了很多学者前来考察。寨内民居都是就地取材依山临水而建,石巷建筑精致,木雕美轮美奂,其对自然资源的合理运用和村寨的巧妙布局,体现了人与自然和谐相处的家园理念,堪称乌江文化第一村。

▼ 郝朝相故宅
▼ 乡韵
▶ 小桥流水人家

在板桥苗族土家族乡,有一个上百户人家的古村落,因为绝大多数人姓郝,只有少数杂姓,所以叫做郝家湾。村寨紧靠岩溶溶蚀山峰,寨前的溶蚀洼地则造就了千亩良田,村寨紧靠岩溶溶蚀山峰,一眼喀斯特泉为村寨提供了充足的水源。人们走进郝家湾,那些历史建筑、聚落的土家文化、民间技艺、宗法等独特元素让游客感到自然新奇。

明洪武年间,明朝结束了征讨云贵的叛乱之后,为了避免这里再次成为中央的权力真空地带而重蹈历史覆辙,朱元璋决定把足够强大的军队留下,屯兵驻守,威慑四方。来自江南、中原的精锐部队沿着横贯云贵高原的咽喉要道次第布防,建立卫所,按照明军的编制驻扎下来。这一军事行动被称作"调北征南"。20万明军按三比七的比例,三成军队驻扎城市,七成军队在农村屯耕,有10多万人加入垦荒的行列。他们一边开荒种地,自足军粮;一边操练军事,以防战乱。从贵州腹地的安顺向西到曲靖,过昆明、楚雄直至景东,每六十里到一百里,明军建立一个屯军寨子,开垦周围的土地。昔日的不毛之地,在这些来自江南的农家子弟手里,变成了千里良田。根据郝氏族谱记载,郝家湾源自明洪武十八年(1385年)。当时来自山东郝氏先祖作为总旗屯驻于此,以农养屯,以屯护农,繁衍生息,耕读传家,渐成规模。郝家至清中叶郝朝相一代,族人依据阴阳五行和天人感应说等风水之学,精心设计,大兴土木,建成了如今江南水乡

　　与土家山寨兼具其美，深得"藏风聚水"风水建筑理念，独树一帜的郝家湾民居村落。

　　村寨内现有泉眼一处，自山体至寨口通过水渠输送，长约300米，泉水清澈见底，四季不涸，正好把村子分成两半，寨子中石巷与溪泉纵横交错，池塘点缀，泾渭分明，把院落、房屋、祠堂、磨坊、龙门、围墙等串联成一幅巨大的太极八卦图。古宅庭院，木窗小景，精细雕花，随处可见。水渠经过人工改造，底部及两侧均铺以石板，看上去极为规范。饮用、洗涤、牲畜用水自上而下，分布合理。水渠之上，还间或铺以石板桥，汩汩泉水从下而过，景色优美，意趣横生。稻田前方修建高墙保全村民每年的五谷丰登，上书"中流砥柱"，据说是郝朝相亲笔手书。郝朝相故宅在寨子中央，一湾清泉自左透迤流过，石板路向右蜿蜒，院落前砌坝为塘，宅后青山巍峨，正应了"青龙、白虎、朱雀、玄武"之说。院落中修有三道石阶院坝，用于防水。石墙内建有金鱼池一口，水从暗渠引入。院坝用青石铺就，十分宽敞，透风通光，是北方四合院在乌江的翻版。石墙上都修有落水管道，以适应贵州多雨的气候环境。门前，山泉的水位被人为地抬高了，变成一汪水塘，这样就可以引水入室，泉水叮咚淙淙，又平添了几分动感与灵气。塘前石墙上书有"清不染尘"几个大字，是对作为全村水源的清泉的赞誉，也是郝家湾人志存高雅的期冀与戒律。

　　村落前是郝氏祖墓，墓地全由青石修成，为庭院式结构。其中郝朝相墓十分考究，墓室宽大，石雕工艺精湛，书法艺术上乘，是乌江墓葬文化留存的范本。村落中苍松翠柏、香椿果木婆娑掩映，千年枣树树冠面积超过一亩，观赏价值极高。

思唐古山城景区

> 思唐景区核心位于思南老县城,保存了众多蕴含丰富文化内涵的古建筑群,拥有不少国家级重点文物保护单位。宗教、历史、土家文化、民族风情、红色记忆,都在这些古老的建筑中积淀、凝固,还可以观赏花灯、傩戏等传统文艺表演,集人文、自然景观于一体。

思唐景区在现代县城改造、扩建过程中,思唐景区历史遗迹得到较好的保护和修缮,而且花灯、傩戏等民族艺术也在当地文化主管部门的重视和支持下得到很好的传承。主要景点有府文庙、万寿宫、中和山华严寺、旷继勋烈士故居、白鹭洲、川主宫、王爷庙、永祥寺、周和顺盐号、腾龙峡、千佛洞等。

华严寺

华严寺踞于佛教胜地中和山上,始建于宋,是贵州省早期的佛教建筑之一。华严寺面积8835

▼ 思唐古山城
▶ 中和石刻
▶ 鸟瞰华严寺

平方米，建有观音大士阁、大雄宝殿、寿福殿、准提殿、玉皇楼等。寺内有极为少见的双面观音。中和山上绿叶葱葱，山脚有石阶依山曲折而上，途中可见刻有"抬起头来"的树木和造型独特的牌门。明朝著名理学家李渭辞官还乡后，曾在设于此处的中和书院讲学，留有"山色溪光羁客坐，花香鸟语寄诗怀"的题联。

山不在高，有仙则名，思南华严寺历史悠久，在贵州佛教寺上占据一席之地。据考，两晋时期佛教已影响贵州的东部和北部，黔东北的思南得乌江黄金水道之利，地处贵州经济文化开发前沿，因此也是古代贵州商贸最为繁荣、文化交流最为活跃的地区之一。到了唐代，黔东北与当时的西蜀、荆楚水陆相连，受到川滇及中原佛教的深刻影响，且唐代朝廷在贵州设置的经制州多集中

于黔北和黔东，中原汉族移民得以不断涌入这些地区，为佛教渗入提供了有力的契机；进入宋、元时期，本地土官热衷奉佛兴寺，如华严寺也是田氏土司的祝寿所，他们笃信佛教，大建梵刹，华严寺由此兴盛起来，佛教得以广泛传布。明朝，虽然贵州立省较晚，开发较迟，但思南却是贵州最早改土归流的地

区,思唐镇作为思南府和安化县的治所所在地,通过军屯、民屯、商屯,来自陕西、江西、四川、湖广等地的大量汉人迁移境内,佛教在境内蔚成大观。思南中和山是贵州的佛教名山,与遵义金鼎山、禹门山、黔东梵净山齐名。

府文庙

府文庙位于思南县城北遵化门内,始建于明代成化二十二年(1486年),总面积30000平方米,整个建筑群由大成殿、大战门、左右庑、崇圣祠、追封殿等六栋28间,及天子台、棂星门、泮池、屏风、礼门、义路、围墙组成封闭式的建筑群。思南府文庙,是当今贵州保存的文庙中,始建年代最早,占地面积最大,建筑面积最多,保存最完整的文庙。内设全国唯一的江河博物馆——乌江博物馆。庙内数十块保存完好的明清碑刻对研究乌江文化具有较高参考价值。旧为思南宣慰司使田氏住宅。明永乐十一年(1413年)宣慰司使田宗鼎以不法废,遂废其司没收其财产,始置思南府,并以司治为府治,以田宅为学宫,大成殿设其正厅。明成化二十二年(1486年)思南知府王南在田氏旧宅基础上重建府文庙。后经明清两代先后十四次增建,补修、重建。今存府文庙为清嘉庆十二年(1807年)思南知府项应莲捐廉集资重建。

万寿宫

万寿宫位于中山街,旧名水福祠。原址在城外普济庵,明正德年间

◀ 思南府文庙
◀ 石桥水韵
▼ 万寿宫古建筑群

被洪水淹没，嘉靖十三年（1534年）重建。为纪念江西的地方保护神——俗称"福主"的许真君而建。万寿宫或称旌阳祠数以千计，遍布全国各地城乡，乃至台湾、新加坡、马来西亚等地区和国家。是我国古代会馆文化的代表，故亦称江西会馆、江西庙、江西同乡会馆、豫章会馆等。思

- ▶ 旷继勋故居
- ▼ 图案精美的窗棂
- ▶ 周和顺盐号四合院

南万寿宫始建于明代，建筑总面积为2405平方米，是县城古建筑群的核心部分。由山门、门楼、拜厅（即正殿）组成。整个建筑四周砖砌高墙，空地铺于灰岩石板，造型奇特，数以百计的木质斗拱支撑着宽大的屋顶，且工艺精湛，十分壮观。其中戏楼由数以百计的木质斗拱支撑巨大层顶。结构独特，造型优雅。

旷继勋故居

位于思唐镇文化街，占地800余平方米，是红军高级将领旷继勋的故居，按照原有建筑结构而建，馆名为原中央军委副主席刘华清所题，现为贵州省爱国主义教育基地。旷继勋（1895-1933），号集臣，思南大河坝区桂花乡庙塘湾人，1926年加入中国共产党，1929年率领四川混成旅起义，成立了"中国工农红军四川第一路军"，历任起义总指挥、红四军、红六军、红二十五军军长，川陕省临时革命委员会主席等职。后被张国焘错误杀害。2009年9月14日，他被评为100位为新中国成立作出突出贡献的英雄模范之一。

安化县署

安化县署位于安化街中段西侧，始建于明万历三十年（1602年），清康熙五十五年（1716年）重建。坐西向东，中轴对称。原有大门、仪门、大堂、二堂、上房、官舍、书房、花厅等，建筑面积

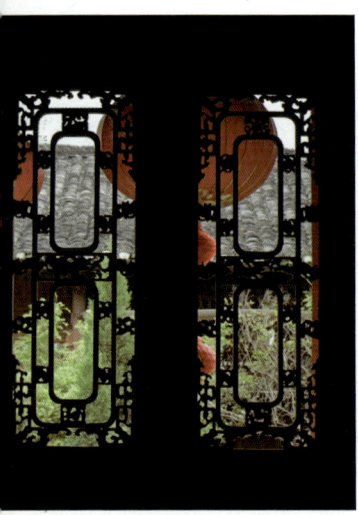

1200平方米。光绪八年（1882年）安化县迁大堡场（今德江县城）后逐渐被拆毁。安化街得名于安化县，即使只从万历三十年建立安化县算起，也已有400多年历史。数百年来，街名不变，沿用至今，不仅在思南，就是在贵州，也是罕见的。

永祥寺

永祥寺位于安化街中段东侧，原为圆通寺。始建于明弘治年间。万历二年（1575年）重建，后毁于火，二十二年（1594年）重建。坐东向西，中轴对称。由前殿、拜厅、正殿、两厢、三元殿组成，占地面积约1200平方米。现存拜厅、正殿，建筑面积200平方米。正殿面阔三间，通面阔12.5米，进深三间，通进深6米。穿斗、抬托混合结构，歇山青瓦顶。梁架与柱础，手法古老，造型古朴，弥足珍贵。今为县级文物保护单位。

周和顺盐号

周和顺盐号在横跨贵州北部和重庆东南的浩淼乌江之侧，曾经的川黔古盐道沿江蜿蜒，如今在这条古盐道上仅存有两处关于盐运的建筑，一处是重庆龚滩即将被江水淹没的盐仓，另一处便是位于思南县城卢家码头的"周和顺盐号"。它们共同见证了乌江之上的百年盐运史。和顺号全称"周和顺盐号"，建于清道光年间，占地面积1500平方米，实用面积800余平方米，是其时融住家与开周和顺盐号于一体的四合院落，由石库门、对厅、两厢、正房、厨房、盐仓、花园、天井等构成封闭式

四合院，有大小居室30余间。院内修建"有组织排水系统"，外建马头形防火墙，水往院内流，称"四水归堂"，意为"肥水不落他人田"。堂屋六合隔扇门窗腰板上还清晰留下了16字周家家训："创业维艰，守成不易。维忠维孝，克勤克俭。"门窗图案为冰裂纹，寓意"十年寒窗"、"吃得寒窗苦，方为人上人"。福禄寿喜、耕读渔樵、二龙戏珠、犀牛望月、四福献寿、龙凤呈祥、岁寒三友、一品清廉、麒麟送子、为善最乐等传统迹象图案，琳琅满目，数不胜数，是中国传统建筑雕刻艺术的瑰宝。因盐号主人住的是"桶子屋"，当地人习称"周家桶子"。"桶子屋"又叫"印子屋"，是贵州人对四合院的形象称呼。但作为著名商号保存至今者寥寥无几。因此，完好无损的和顺号，弥足珍贵，具有重要历史价值和科学、艺术价值。

万圣屯森林公园

位于思唐镇河东，森林覆盖于悬崖峭壁之巅，万圣屯拔地而起，绝壁险峻，树木以马尾松为主，间以混交杂林，林间常有多种珍稀动物出没，古以"圣岭春耕"为思南八景之列。

中天塔

坐落于思唐镇城东椅子山顶,始建于明朝明万历二十一年(1593年)参政史贤始建。屡经修葺,塔身七层,六方,高40余米,额"鼎峙中天"。古以"雁塔标霞"荣居思南八景之列。有古诗赞曰:夕阳反照扑窗纱,雁塔漱舟起暮霞。瑞彩运连村树杪,晴光高压郡人家。浮图七级烟云拥,文笔千寻锦绣夸。对此诗情应更惬,椅山月上晚风斜。

腾龙峡

腾龙峡位于思南山城东面乌江河岸,距县城约3千米,包括思林电站坝址至思唐镇黄龙泉江段,长度30千米的乌江山水自然风光和人文景观,腾龙峡谷青山绿水,悬崖绝壁,江水汹涌澎湃,气势雄伟,蔚为壮观。明嘉靖《思南府志》称之为鲇鱼峡,曰:"乌江之流至此,顿发奔涌澎湃,险不可言。旁即大崖,崖有一孔若鲇鱼口然,故名之。"西岸一段绝壁长达2000余米,其

◀ 明清传统家具
▼ 中天塔

形如龙，其势如飞，故今又名"腾龙峡"。腾龙峡为古代思南十景之一，名"鲇鱼天堑"。江阁地处腾龙峡谷口，乌江由此进入腾龙峡谷。此处江面由宽变窄，水流湍急，大小漩涡迂回密布，险象环生，气势雄伟。古时木船常遇难于此，故立阁以镇乌江激流，确保船只过往平安，阁址至今犹存。千佛洞位于腾龙峡谷内，喀斯特溶洞，洞口高出乌江江面30余米，洞深长约3千米，洞内钟乳石形态各异有十八罗汉观大海，五百罗汉下江南。其中有一座大佛，貌似弥勒，成为洞中之最。赤壁摩崖位于腾龙峡江阁峡谷西岸绝壁之上，岸色赤、白、黑三色相同，上书"赤壁"二字，为知府宛家祥在明嘉靖三十九年（1560年）所书，每字约1.5平方米，是乌江峡谷不可多得的文物古迹之一。

▲ 腾龙峡
◀ 赤壁摩崖

思索思南

思南岩溶地貌是如何形成的
乌江峡谷是如何形成的
思南岩溶泉瀑是如何形成的

思南岩溶地貌是如何形成的

中国现代喀斯特是在燕山运动以后准平原的基础上发展起来的。第三纪时,华南为热带气候,峰林开始发育;华北则为亚热带气候,至今在晋中山地和太行山南段的一些分水岭地区还遗留有缓丘—洼地地貌,但当时长江南北却为荒漠地带,是喀斯特发育很弱的地区。新第三纪时,中国季风气候形成,奠定了现今喀斯特地带性的基础,华南保持了湿热气候,华中变得湿润,喀斯特发育转向强烈。尤其是第四纪以来,地壳迅速上升,喀斯特地貌随之迅速发育,类型复杂多样。

岩溶地貌形成条件

岩石的可溶性和透水性

岩石的可溶性主要取决于岩石的成分和结构、构造。可溶性岩石有三类:碳酸盐类岩石(石灰岩、白云岩)、硫酸盐类岩石(石膏、芒硝)、卤盐类岩石(石盐和钾盐)。一般来说,结晶岩石的晶粒愈小,相对溶解度愈大,隐晶结

▼ 乌江地貌水中映
▶ 长坝石林

构溶蚀率较高。

当岩石具有透水性时,含有CO_2的水才能在岩石中流动,与岩石发生化学溶蚀作用,也是由于水的流动性才能保证其不断溶蚀而不易饱和。岩石的透水性主要取决于岩石的空隙度和裂隙度。一般来说,成分纯、刚性强、厚层的岩石透水性好,此外,构造发育的地段岩溶作用强。

构成思南石林、溶洞、天沟地缝、天生桥等岩溶地貌的岩石主要是二叠纪灰岩。二叠纪时期,思南乌江喀斯特国家地质公园的沉积环境属于台盆相间的沉积格局。主要出露地层为梁山组、栖霞组、茅口组和吴家坪组。以深色泥晶灰岩为主,厚层至块状层理,含有孔虫类生物。其结晶颗粒小、成分纯,层厚而且隔水层较少,可溶性强(根据资料显示其CaO/MgO的比值接近10,相对溶解度趋近于1),易于发育大型溶洞,大规模岩溶地貌。

构造运动

岩溶作用的下限面为溶蚀基准面。在厚层均一的石灰岩区,大规模溶蚀作用的基准面为当地大型水体面。地壳上升,乌江河谷下切,溶蚀基准面相应下降,岩溶化层加厚,有利于地下岩溶的发育。

同时,新构造不均衡升降运动也是思南石林等地上岩溶地貌形成过程中

必不可少的重要地质条件。上升区的剥蚀夷平、河流下切与堆积作用是一个并存的对立统一体。只有新构造运动将造景岩层抬升到侵蚀基准面之上的高度，才能大规模被溶蚀风化，形成地下溶洞和石林等地表地质遗迹。

气候（水的流动性与溶解性）

温湿多雨的气候是岩溶地貌形成的外部条件。充沛的降水，流水作用强烈，可以不断地补给CO_2，保证水的溶解性。第一，降水丰富，导致河流下切作用加强，溶蚀基准面下降，岩溶化层的厚度增加；第二，地表冲刷侵蚀作用强烈，表层溶蚀作用强烈；第三，温度高，溶解度大；水量充沛，溶蚀量大。

也即是说，温湿多雨的气候提供了大量的不易饱和的溶剂，保证了水的流动性和溶解性，岩溶作用得以持续进行。

雨水是碳酸盐岩溶蚀的溶剂，有了地表水的作用，裸露地表的石灰岩才慢慢溶蚀，经过漫长复杂的变化之后形成石林。地下水的流动溶蚀作用形成漏洞、竖井、地下湖等地下岩溶景观。

思南石林属于典型的溶洼边坡型石林，主要由二叠纪石灰岩，沿节理裂隙溶蚀而成。其形成过程大致可归纳为以下三个阶段：

（1）基础孕育阶段——原始岩体的形成

二叠纪，由于新的海侵开始，在

大区域上形成台盆相间的沉积格局,石林所在长坝、荆竹园等区域位于台地上水体较深的台盆环境。大量厚层石灰岩、泥晶灰岩由此形成。以栖霞组、茅口组为代表岩层。

(2)地下溶蚀阶段——石林的雏形

思南石林(长坝石林、荆竹园石林)分布于乌江河谷两侧。石林的岩性以深色泥晶灰岩为主,常具有"眼球"状特征,厚层至块状层理,含有空虫类生物化石,应该是碳酸盐台地内部深洼部分的静水沉积而成。此外,含有少量含砂屑泥粉晶灰岩以及局部藻灰岩等,岩石的坚固系数、抗压强度、抗风化剥蚀和抗溶蚀能力出现局部的不一致。抗风化能力弱的最先被风化侵蚀,在地下水的作用下开始溶蚀。

第二,由于岩石节理和裂隙的存在,溶蚀有了起点。按照"溶孔—溶痕—溶沟"逐渐发育的规律,沿节理发育了大量的溶蚀裂隙网。沿垂向节理浴蚀、侵蚀、崩塌作用后,致使岩层垂向分裂;沿水平方向裂隙溶蚀、冲刷,形成一条条溶蚀带(后期发展为溶沟),纵横交错。此阶段产物,学术上称为埋藏石芽,或地下石芽。

(3)地表塑造阶段——石林的"雕刻"

燕山运动期间,园区经历了一次强烈的上升运动。早期形成的埋藏石芽在这一时期被抬升,地壳的抬升,伴随着河流的下切,侵蚀作用的增强,原覆盖于二叠系上的地层遭受侵蚀流失,致使石芽出露于地表。

石林地处边坡,雨水冲刷作用强烈。易风化侵蚀的物质随着流水冲刷而流失,残留的富含次生Al_2O_3和Fe_2O_3的粘土物质沉积形成蚀余红土。早期的溶蚀带进一步被风化侵蚀形成溶沟,致使石芽水平分割的同时也增加了原石芽的相对高度,沿垂向裂隙的溶蚀使得部分岩体底部进一步切割分离,岩石所含"眼球"状、燧石团块被侵蚀溶蚀后形成空洞(鬼脸石)。

◀ 石林奇观

▲ 石灰岩溶蚀形成的石林
▶ 天生溶洞

后期人类活动的参与，溶沟中（石芽与石芽之间）是人民劳作耕种的土地，土家、苗等民族的耕作保存了大量的表层土壤。由于岩溶石山地区土层的珍贵，所以当地人民从古至今都保存着良好的耕作习惯，森林植被保存完好，真正做到与环境和谐共存。

溶洞形成过程

溶洞是岩溶作用所形成的地下岩洞的总称。它是地下水沿可溶性岩体的各种构造面，比如层面、节理面或断裂面，特别是沿着各种构造面互相交叉的地方，逐渐溶蚀、崩塌和侵蚀而开拓出来的洞穴。大体可分为三个阶段：

（1）裂隙溶蚀扩大阶段

全新世早期，区内经历了一次相对稳定的时期，大气降水沿石灰岩中已有的构造裂隙下渗，在岩石裂隙中渗流，水流分散，属于散慢渗流方式。同时水流溶蚀裂隙四周的岩石，在区域性侵蚀基准面附近，对溶蚀敏感的地段或部位，随着溶蚀通道的慢慢扩大，开始形成溶洞。这个时期仍以溶蚀作用为主。

（2）溶洞形成阶段

随着侵蚀基准面附近溶洞的形成，地下水流线调整为向溶洞顶端聚敛，同时促使溶洞向岩体内发展，在靠近山体附近的区域内形成溶洞。随着地下通道的贯通，地下水流速越来越快，溶蚀作用越来越强，空洞不断扩大，侵蚀和崩塌作用加强。在侵蚀崩塌作用下，洞穴迅速扩大。

（3）溶洞发展塑造阶段

当山体较近的区域溶洞形成主通道后，水流就转化成管道流，地下水位显著下降，水流更趋集中于溶蚀强烈的较小范围内，这样周而复始的循环，使溶洞不断变高和加长，并在溶洞内形成石钟乳、石柱等微地貌。在地壳运动等内力，或是其他外力，亦或是重力影响下，洞顶溶蚀崩塌形成天窗。

溶洞的大小不一，形态各异，有的有通道彼此相连，有的多层发育。按照成因可以分为包气带洞、包水带洞和深部承压带洞等。

包气带洞的形成过程可以概括为：从裂隙、落水洞和竖井下渗的水，在包气带内，沿着各种构造裂隙而不断向下流动和溶蚀，同时扩大空间，从而形成大小不一、形态多样的洞穴。

包水带洞是在地下水面附近发育的水平溶洞，此类溶洞系统具有迷宫式

特点,其洞底较平。受间歇性新构造上升运动的影响,形成多层溶洞,上下彼此有溶隙相通。比如文家店景区的文宝洞即为此种类型。

深部承压带洞分布比较局限,受裂隙、节理、层理等构造行迹控制。

天沟地缝形成过程

天沟地缝是从形态学角度命名的地貌名称,其实就是一种"从上往下看地像一条缝,从下望上看天像一条沟"的象形地貌,其横向宽度远远小于纵向深度,貌似狭长深谷。主要分布于思林景区和青㭎坡景区。公园内天沟地缝属于碳酸盐岩地貌景观,其形成原因与演化过程与岩溶地貌的形成密切相关,且演化规律十分相似,其形成过程可归纳为以下三个阶段:

(1)裂隙溶蚀扩大阶段

全新世早期,区内经历了一次相对稳定的时期,在前期地壳抬升的基础上,大气降水沿石灰岩中已有的构造裂隙下渗,在岩石裂隙中渗流,对溶蚀敏感的地段或部位开始溶蚀,形成松散条带,并沿着裂隙不断扩大。

(2)水流侵蚀下切阶段

随着地壳的进一步抬升,侵蚀基准面下降,在流水溶蚀、冲刷作用下,初期溶蚀风化的松散地带被水流带走,形成冲沟。在冲沟内形成主要汇水通道,水流下切作用进一步增强,形成速度加快。

(3)崩塌贯通形成阶段

当主要汇水通道形成后,沿着节理面在重力作用下崩塌,沟缝有所加宽,变得更加陡峭。沿共轭节理的水流贯通后,形成弯曲的地表溪流或河流,水流更趋集中于溶蚀强烈的较小范围内,比如青㭎坡四野屯景区的地缝就是沿"X"形共轭节理溶蚀风化而成。

乌江峡谷是如何形成的

乌江峡谷是乌江在沿河形成的天然山峡长廊，"江作青罗带，山如碧玉簪"。清清的江水在曲静幽深的山峡里，时而恬静温存，时而奔放不羁。两岸翠绿葱郁，山峦叠嶂，奇峰对峙，各显神姿。穿行江峡，仿佛置身于一条绝长的山水画廊。

地层岩性

乌江及其支流的峡谷，出露地层主要为奥陶系、志留系、二叠系、三叠系沉积岩地层。岩性以碳酸盐岩为主，碎屑岩为辅，第四系覆盖层则分布于河床、漫滩及阶地上。代表地层有奥陶系宝塔组、大湾组、桐梓组。多为厚层石灰岩、碎屑岩组合，夹杂少量钙质页岩、瘤状泥灰岩。

志留系秀山组。以中层粉砂质粘土岩为主，部

◀ 刘场坪天坑
▼ 镜中乌江

▲ 峡谷两侧
▼ 两江口晨曦

分粉砂岩和黏土页岩，夹杂少许砂质结核；

二叠系吴家坪组、茅口组、栖霞组。多为厚层泥晶灰岩，部分层位含有燧石团块，具"眼球"状构造；

三叠系茅草铺组、夜郎组。为中厚层石灰岩或是白云岩。

地层中不同程度地分布有灰岩、结晶灰岩和鲕状灰岩，具有一定的原生孔隙和次生构造裂隙，为岩溶裂隙水的交替循环提供地下通道。并且灰岩为相对的软弱地层，其抗风化和水流冲刷能力差，为河流下切形成峡谷地貌和溶蚀作用形成溶沟、溶洞、岩溶泉、峰丛、孤峰等岩溶地貌奠定物质基础。

地质构造

公园受北北东向褶皱断裂体系控制，多数河

谷方向与其平行。由于褶皱断层的裂隙比较发育，在新构造运动的影响下容易形成沟谷，水流沿着裂隙侵蚀冲刷，较易形成深切峡谷。

上述两方面构成岩溶水的循环交替条件，并且为本地区岩溶的发育提供基本保障。所以该区岩溶地貌和峡谷地貌的发育都与地质构造有紧密关系。

乌江峡谷形成过程

我国古近纪以来的新构造运动，直接以地壳构造运动作为内动力而控制地貌的发展。公园内乌江峡谷地貌的形成与新构造运动有密切的关系，总体上有两个特征：其一是大面积、有节奏的掀起运动（燕山期），奠定了隆升成为高原地貌的基础；其二，在上述运动基础上叠加了次一级的地貌运动（乌江期）。从四级溶洞可以推断，至少有四次间歇性抬升，每次抬升后都伴随着乌江河谷的下切。

根据初步研究结果，乌江峡谷的形成过程可以概括为4个阶段：

（1）大娄山期—山盆期，区域上升期，随着贵州高原的隆升，乌江分水岭逐步形成。受水流冲刷和下蚀作用的影响，乌江在思南境内沿北东向构造断裂形成冲沟。随着时间的推移，流水垂直侵蚀和向源侵蚀作用加剧，沟谷逐渐变深、加宽，同时汇水面积逐渐扩大，水流更加集中，侵蚀作用更趋加剧。

(3)更新世中晚期，河谷再次下切，峡谷段进一步变深，因其沟谷两侧岩石坚硬，侧蚀作用微弱，其沟谷宽度变化不大。溶蚀作用加强，地下水系发育，有些新的支流出现。

(4)全新世，峡谷外表塑造阶段。地下水系进一步发育，伏流形成，部分地下河转向地表，在水流下蚀改造的同时，其河床两岸堆积形成河漫滩、沙洲等。

综上所述，地质公园内峡谷地貌的形成受控于内、外动力地质作用，是多种地质营力共同作用的结果。

(2)更新世早期，随着地壳的进一步上升，使得侵蚀基准面继续下降，在地层岩性软弱的地段，河谷形成宽谷，而地层岩性坚硬的地段，形成深切峡谷，且峡谷两岸壁绝崖悬，出现"一线天"、"孤峰"等景观。

思南岩溶泉瀑是如何形成的

思南地处乌江中游，河流水网密布，水资源丰富。在思南乌江喀斯特国家地质公园园区内，分布着众多的温泉、冷泉。山间的溪流蜿蜒曲折，遇有山崖陡坎，溪水便纵身飞跃，一泻千里，成为一道道美丽的瀑布景观。

◀ 峡谷变通途
◀ 乌江小景
▲ 之字峡五叠瀑

岩溶泉、瀑形成条件

（1）碳酸盐岩地层

园区大量的碳酸盐岩地层中不同程度地分布有石灰岩、结晶灰岩和鲕状灰岩，具有一定的原生孔隙和次生构造裂隙，为岩溶裂隙水的交替循环提供地下通道。碳酸盐岩具有可溶性，降雨可通过竖井、落水洞、漏斗等迅速汇入地下。在岩溶山区，水分的入渗系数为0.3～0.6，甚至高达0.8。园区地下水系十分发育，为泉瀑提供了水源支撑。

（2）地形地势

园区相对落差较大，切割严重，一定的斜坡地势为水的流动提供了动能。当地下水沿着破碎裂隙或溶道涌出地表时，即形成泉；当出露点下有一定临空面时，即形成瀑。

温泉、冷泉形成条件

泉，按泉水的温度，可分为冷泉和温泉。冷泉和温泉划分的临界温度，不同地区、不同国家的标准不尽相同。目前，我国一般以25℃为界，泉水温度小于25℃的称冷泉，大于25℃的则称温泉。鹦鹉溪温泉常年均温40℃，冷泉常年均温18℃。

温泉形成的三大要素是：热源、水、通路。鹦鹉溪温泉有以下三个主要特征：

（1）热源为断层活动热。鹦鹉溪地处黔北褶皱变形区，有一系列的北东—北北东向断层，温泉主要沿着断层呈条带状分布。

▲ 天然浴场
▶ 鹦鹉溪原始天然古温泉

（2）主要储热介质为碳酸盐岩。灰岩、结晶灰岩和鲕状灰岩，具有一定的原生孔隙和次生构造裂隙，为岩溶裂隙水的交替循环提供地下通道。

（3）隔热保温盖层为志留系泥岩，大气降水和岩层裂隙水通过岩溶槽谷下渗至热储层，在深部沿断裂构造线径流，并在地表减压最大处，如河谷地段等，排出地表而形成温泉。

冷泉形成必须具备两大要件，一是丰富的地下水、二是能产生大量二氧化碳的岩层，思南地区丰沛的雨量，地层以厚层的石灰岩为主，为冷泉的形成提供了条件。

岩溶泉、瀑的形成过程

岩溶泉、岩溶瀑都是埋藏和运动于地下岩层空隙中的地下水，在适宜的地形、地质及水文地质条件下，自然涌出地表而形成的。主要位于思林景区、板桥景区。它们的形成过程主要可以分为三个步骤：补给，储存，排泄。

（1）地表水补给、储存：地表岩溶带的裂隙率很高，降水后雨、雪水很快渗入表层岩溶带的的裂隙、孔隙和溶沟中。由于表层岩溶带的裂隙发育随着深度的增加而迅速减缓直至停止，使得表层岩溶带形成含水层，能够汇集和运移地表水和地下水。

（2）地下水排泄：当潜水面被地面切断时，地下水即可溢出地表。这种渗出的水如果沿着固定的出口，源源不绝地流出，就形成了岩溶泉；如果从地下河或河床纵断面断裂处或悬崖上倾泻而下的则形成岩溶瀑。

温泉、冷泉的形成过程

温泉与冷泉的形成过程比较类似，只是所处地段地下热源的能量不同，导致了温度的不一样。其过程为：大气降水渗入地下，通过断裂岩层吸取深部构造活动热，形成高温地下水，高温地下水通过断裂带运移到地层浅部，因为水位高低不同而产生的压力，使受热的地下水再度涌出地面，就形成了温泉。

鹦鹉溪温泉主要沿北东—北北东向断层呈条带状分布。

促使冷泉温度下降的原因为邻近介质中吸收大量二氧化碳，相对的水温因受二氧化碳吸热的影响而变冷，从而形成冷泉。

▲ 梦幻温泉

旅游资讯

行住吃游购娱

行

思南是铜仁地区最大的县城，黔东北的交通中心。全县27个乡镇全部通有公路，现有公路总长900多千米，连接川黔、湘黔、渝怀铁路；境内水运以乌江为骨架，通航水域137千米，其中乌江思南段78千米，水面宽200～340米。

外部交通

航空

思南距离铜仁凤凰机场约180多千米左右，乘车4～5个小时可到达。距离贵阳龙洞堡国际机场约300多千米，乘车8～10个小时可到达，开通北京、广州等大中城市航班。距离遵义机场约200千米，乘车2小时可达。

公路

铜遵公路贯穿全境，连接川黔，326国道从县境北西附近经过，303省道从县城穿过，西接326国道，东至印江县，也是遵义至铜仁的主要交通干线。G56 杭瑞高速（杭州—瑞丽）与省道思南—剑河段在思南县城交汇。思南发往全国各地的班车到达地有：中山、江门、顺德、肇庆、深圳、厦门、贵阳、遵义、铜仁、邵东、怀化、龙溪、江口、凤冈、沿河、德江、玉屏、上海等。

铁路

思南是贵州省铜仁市最大的县城，黔东北的交通枢纽和中心。连接川黔、湘黔、渝怀等铁路；思南距离铜仁火车站大约180千米左右。开通的铁路旅客列车经过铜仁的有20多列，分别到达上海南、怀化、成都东、长沙、广州、重庆北、深圳西、惠州、桂林北、杭州、成都、达州、宁波东、厦门、深圳西、梅江等大中城市。

水路

乌江是贵州的母亲河，乌江流经思南县境，境内水运以乌江为骨架，通航水域137千米，其中乌江思南段78千米，水面宽200～340米。有思南河东中转站码头、枫芸河坡客货综合码头、邵家桥客货综合码头、文家店客货码头、思林客货码头、香坝牛角岩客货码头、三道水与洋恩坝客货码头、风清货运码头等8座客货码头，各类船只数百艘。200吨级以下货轮畅通无阻，可顺江直达重庆、武汉、上海等地。

内部交通

思南市交通参考下图。

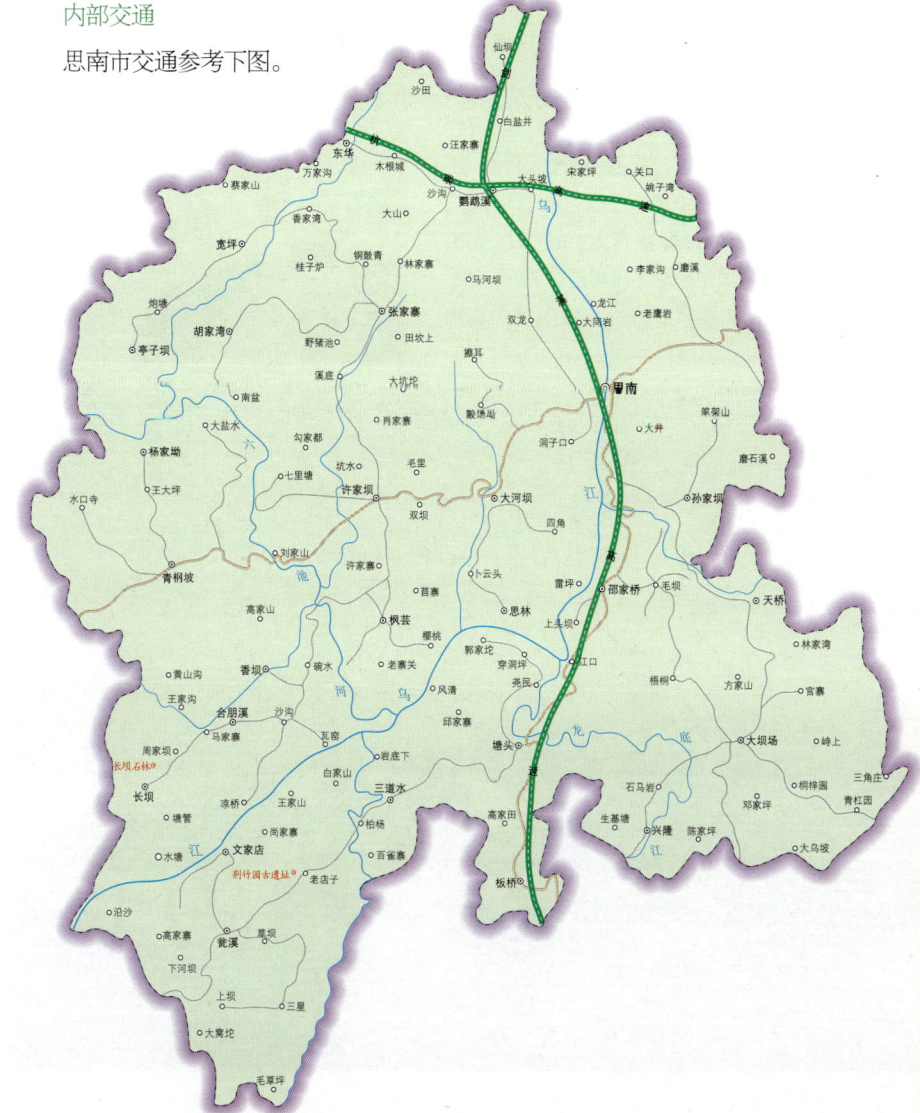

住

思南现共有旅游星级宾馆两家（白鹭洲宾馆为三星级，天河宾馆为二星），涉外接待宾馆三家（天泽园宾馆、明星宾馆和美廉食府）。

白鹭洲宾馆位于思南城东椅子山脚下，与中天公园相毗邻，三星级园林别墅式设计建造，占地面积34亩，建筑面积约8200平方米，总投资2200万元。住宿有豪华套房10套，标准间和普通间共300余个床位，餐饮有大、小餐厅和中西餐厅，娱乐有卡拉OK厅、咖啡屋、茶苑长廊和桑拿浴室等。现白鹭洲宾馆属三星级旅游涉外宾馆。

思南宾馆饭店推荐

铜仁松桃国际大酒店	铜仁市东城新区七星大道
铜仁伯爵酒店	铜仁市清水塘民族风情园
宝鑫大酒店	铜仁市东太大道888号
铜仁唯爱精品酒店	铜仁市金滩南长城路22号
铜仁梵天索菲特大酒店	铜仁市锦江大道8号
铜仁君逸凯悦酒店	铜仁市共青路41号
世特豪斯(铜仁时尚店)	铜仁市东太大道二医院旁
铜仁汉庭快捷酒店	铜仁市铜江大道9号
铜仁江口佳正酒店	铜仁市江口长途客车站旁(白沙路8号)
铜仁梵净山铜鼓山庄	铜仁市铜仁江口县梵净山云舍景区附近
铜仁金凯瑞酒店	铜仁市铜仁清水南路火车站金码头农校斜对面
铜仁龙都大酒店	铜仁清水大道128号
铜仁江口兰泉宾馆	铜仁市江口双江镇围子董
铜仁乌江酒店	铜仁沿河土家族自治县环城南路
铜仁九九公寓风尚酒店	铜仁市清水人道24号
铜仁信原商务酒店	铜仁市清水南路金码头农贸市场1栋
白鹭洲宾馆	思南县东乌江岸边
远航大酒店	思南县城北街304省道
明星宾馆	思南县城北街民政局内
天泽园宾馆	思南县思唐镇城西
电力宾馆	思唐镇中山街68号
秋香宾馆	思南县304省道
民族酒店	府后街思南县民族宗教事务局对面
蓝天酒店	思南县鹦鹉溪镇
红运宾馆	思南县城东街
明秀旅社	思南县城文化街
台湾楼酒店	思南县城大岩关
名人大酒店	思南县土产加油站斜对面
塘头镇东方宾馆	思南县城中和街
政协招待所	思南县城府后街

吃

> 民以食为天。饮食已经上升到了文化的层面，成为了地域文化的另一种诗意表达。在思南旅游，游客既可享受宾馆酒店的美食佳肴，还可品尝到思南古城的传统小吃，有思南徐三爷乌江酸鱼、思南姑娘的美容食品——米豆腐、写在爱情里的美食——千层粉、花甜粑、思南金氏牛肉干、思南张氏甜大蒜、思南金氏松花皮蛋等。

乌江酸鱼

思南农家有许多传统腌制品，如酸菜、酸豇豆、酸茄子、酸麦麸、水腌菜等，酸味纯正，口感绝佳，但因为出身寒门，似乎拿不出手。而乌江酸鱼是其中佼佼者，也是待客佳肴，可登大雅之堂。

制作工序如下：剔去鱼鳞，剖开鱼身，去除两腮片与内脏，内外抹盐，在缸中腌上数天，将鱼身裹以麦麸、玉米粉或糯米粉，然后盖上糟料，腌放于缸中，半个月后可食用。手艺高明者，腌放一两年，也不易味。

米豆腐

米豆腐是思南的风味小吃，特别是思南姑娘的盘中之珍。思南姑娘大脚板是一句玩笑话，其健美、聪慧与灵秀，是不争的事实，成为乌江岸边风景中的风景，这也许与她们经常大啖米豆腐不无关系。

米豆腐以玉米为原料，用水浸泡，石磨研磨成浆，放入锅内，加入适量碱水，以火熬制，待其黏稠后起锅，冷却即食。吃时拌醋、酱、辣椒等，可热煮，但更多凉食，融充饥、解渴于一体，还助消化。因为脂肪极少，兼有瘦身功效。

羊肉粉

思南民间米粉绿豆粉种类丰富，而乌江水丰草美，思南牛壮羊肥，当二者与乌江民间美食家们相遇，遐迩闻名的思南羊肉粉就应运而生了。

米粉的制作较为大众化,羊肉粉的奥秘在于羊肉的烹调。先把羊肉切成小块,反复漂去血水,再将羊肉及骨全部倒入沸水锅里,放进祖传的佐料配方,炖上半小时后,留下羊肉和原汤。然后将羊肉切片,再入汤锅,如是者两三回,连肉带汤盛入煮熟的米粉中,放上少许的姜片、葱花等佐料,即可食用。

思南羊肉粉肉质细腻,肉香纯正,既保留了原汤又绝无膻味,益中补气,齿颊留香。目前以卢家码头余氏羊肉粉名气最大。

绿豆粉

有些游子的乡愁,也许就是某种故乡风味勾起的,比如思南人的绿豆粉情结。绿豆粉是思南的一种传统特色食品,也是逢年过节或招待贵宾的一种佳肴。

其制作工艺如下:按80%粳米与20%绿豆的比例分别浸泡,淘净大米,搓去豆皮,再用石磨将其磨成浆状。然后是架起柴火,将大铁锅烘干加热,抹上菜油,均匀倒入适量米浆,用木刮或锅铲刮成薄薄一层,加上盖子,火候适当时翻面焖熟。两三分钟后,一张形状如锅的绿豆粉皮就加工完成,将其晾于竹竿,冷却后切成条状,可煮可炒。由于绿豆粉制作要求火候必须文武适中、恰到好处,工具也必须是大铁锅,而且使用柴火,才能产生那种本色香味,故只能沿用传统技艺手工操作,无法大规模机器生产,得以保持一份民间食品的本色本香、原汁原味。

绿豆粉口感醇厚,绵香悠悠。这种幽香,连接着思南人永远无法割舍的乡情。

丝娃娃

丝娃娃,乍一看颇似产房里初生的婴儿被裹在"褓袱"中。"褓袱"是用大米面粉烙成的薄饼,再卷入萝卜丝、折耳根(鱼腥草)、海带丝、炸黄豆、糊辣椒等。又名素春卷。当地人吃时,当然少不了注入酸酸辣辣的汁液。素菜脆嫩,酸辣爽口,开胃健脾,是流行于贵阳的名小吃。

游

思南乌江喀斯特国家地质公园几乎囊括了思南县所有的高品位旅游资源，所以，县内旅游路线即是公园的园区游览线路。基于思南地质公园旅游产品的分布特点和公园与周边景区的资源比较，考虑到中国公民的假期安排，设计了从一日游到六日游共六条路线供游客选择。

一、省际旅游线路

重庆—贵阳—玉屏—思南—梵净山。
成都—遵义—思南—凤凰。

二、县际旅游线路

贵阳—石阡—思南—梵净山。
贵阳—遵义—思南—梵净山—石阡—玉屏。

三、县内旅游线路

1.一日游

思南县城—万圣山。观赏景点包括府文庙（乌江博物馆）、旷继勋故居、中和山观音阁、中天塔公园、白鹭洲、刘家统子民居、万圣山森林公园以及四关（大岩关、小岩关、太平关、德胜关）。

思南县城—黑河峡。观赏景点包括腾龙峡、千佛洞、镇江阁、两江口古纤道、思林电站大坝、黑河峡、天生桥、小溪槽、仙人洞、犀牛洞等。

思南县城—鹦鹉溪温泉。观赏景观包括温泉、冷泉水产养殖、双龙生态园、农业观光、麻池洞、彭家洞、渐鸿塔等。

2.两日游

思南县城—万圣山—鹦鹉溪冷泉特色养殖—泡温泉。

思南县城—古建筑群—思林电站—黑河峡。

3.三日游

思南县城—黑河峡—飞龙洞—郝家湾—荆竹园。

思南县城—岩头河（之字峡）—长坝石林—四野屯—岑头盖。

思南县城—老城区古建筑群—万圣山—思林黑河峡—塘头—郝家湾。

4.四日游

思南县城—鹦鹉溪—杨家坳—青杠坡—长坝石林—文家店—荆竹园。

思南县城—古建筑群—思林电站—黑河峡—塘头—郝家湾。

5.五日游

思南县城—黑河峡—荆竹园古战场—文家店—长坝石林—青杠坡—杨家坳—鹦鹉溪。

思南县城—腾龙峡—黑河峡—青杠坡四野屯—长坝石林—文家店—荆竹园—郝家湾。

6.六日游

思南县城—思林黑河峡—青杠坡—长坝石林—文家店—荆竹园古战场—郝家湾体验民俗风情。

思南县城—思林黑河峡—郝家湾—荆竹园—文家店—长坝石林—青杠坡—杨家坳—鹦鹉溪。

四、过境及周边地区旅游线路组合

思南地理区位优势明显，东邻国家级自然保护区梵净山，西倚历史文化名城遵义，南靠泉都石阡，北顺乌江达重庆涪陵入长江。对周边旅游线路可以分析为以下几条：

舞阳河—石阡—思南

重庆（长江三峡）—沿河—思南

贵阳—遵义—思南

张家界、凤凰—梵净山—思南

购

思南县城是一座美丽的文化古镇，依山傍水，错落有致，享有"小重庆"之称，是旅游观光的好去处。思南特色产品丰富，种类繁多，为游客提供各类土特产食品，制作有"傩戏"、"花灯"、"斗笠"等具有民族风情的工艺品以及地质公园标志的胸章等供游客选购以作纪念。

思南花甜粑

用面粉的三分之一打成浆，然后用与剩下的面粉拌在一起打成团，把面粉平均分为四份，全都压制成长方形面饼，取其中三份，分别在其一面刷上粑红，然后重叠在一起，搓成卷，再用木尺竖着在面卷上压六道深印，均要压到中心位置，但不能把面粉压断裂，也可以自行压上所喜欢的花型，压好以后再把面卷打结实，再用剩下的面饼把面卷包起来打结实，最后放进蒸笼蒸熟，取出切开，截面就可以看见你所压制的花纹。用水煮熟后加入米酒、白糖即可食用。味道香甜可口、外形美观大方。

蚕桑

蚕桑，即养蚕与种桑，是古代农业的重要支柱。蚕丝是丝绸的基本原料，丝绸文化实际上就是蚕桑文化的高度发展成熟阶段。种桑是专为供给养蚕的，而养蚕是专为制作丝绸的。对丝绸的描述有绫、罗、绸、缎、帛、锦、绣、绮等多种概念，可见丝绸文化的高度发达。思南县蚕桑科技园成立于2009年，生产的"桑缘春"牌桑叶茶、蚕丝被、蚕沙枕、蚕茧、蚕蛹、花肥、桑叶面膜等产品远销广东、浙江、北京、上海、陕西、江西、重庆、贵阳、遵义等地。

思南塘头斗笠

斗笠，也叫篾帽，分为黄篾编织与青篾编织两

米粉的制作较为大众化,羊肉粉的奥秘在于羊肉的烹调。先把羊肉切成小块,反复漂去血水,再将羊肉及骨全部倒入沸水锅里,放进祖传的佐料配方,炖上半小时后,留下羊肉和原汤。然后将羊肉切片,再入汤锅,如是者两三回,连肉带汤盛入煮熟的米粉中,放上少许的姜片、葱花等佐料,即可食用。

思南羊肉粉肉质细腻,肉香纯正,既保留了原汤又绝无膻味,益中补气,齿颊留香。目前以卢家码头余氏羊肉粉名气最大。

绿豆粉

有些游子的乡愁,也许就是某种故乡风味勾起的,比如思南人的绿豆粉情结。绿豆粉是思南的一种传统特色食品,也是逢年过节或招待贵宾的一种佳肴。

其制作工艺如下:按80%粳米与20%绿豆的比例分别浸泡,淘净大米,搓去豆皮,再用石磨将其磨成浆状。然后是架起柴火,将大铁锅烘干加热,抹上菜油,均匀倒入适量米浆,用木刮或锅铲刮成薄薄一层,加上盖子,火候适当时翻面焖熟。两三分钟后,一张形状如锅的绿豆粉皮就加工完成,将其晾于竹竿,冷却后切成条状,可煮可炒。由于绿豆粉制作要求火候必须文武适中、恰到好处,工具也必须是大铁锅,而且使用柴火,才能产生那种本色香味,故只能沿用传统技艺手工操作,无法大规模机器生产,得以保持一份民间食品的本色本香、原汁原味。

绿豆粉口感醇厚,绵香悠悠。这种幽香,连接着思南人永远无法割舍的乡情。

丝娃娃

丝娃娃,乍一看颇似产房里初生的婴儿被裹在"褓褓"中。"褓褓"是用大米面粉烙成的薄饼,再卷入萝卜丝、折耳根(鱼腥草)、海带丝、炸黄豆、糊辣椒等。又名素春卷。当地人吃时,当然少不了注入酸酸辣辣的汁液。素菜脆嫩,酸辣爽口,开胃健脾,是流行于贵阳的名小吃。

游

思南乌江喀斯特国家地质公园几乎囊括了思南县所有的高品位旅游资源，所以，县内旅游路线即是公园的园区游览线路。基于思南地质公园旅游产品的分布特点和公园与周边景区的资源比较，考虑到中国公民的假期安排，设计了从一日游到六日游共六条路线供游客选择。

一、省际旅游线路

重庆—贵阳—玉屏—思南—梵净山。

成都—遵义—思南—凤凰。

二、县际旅游线路

贵阳—石阡—思南—梵净山。

贵阳—遵义—思南—梵净山—石阡—玉屏。

三、县内旅游线路

1.一日游

思南县城—万圣山。观赏景点包括府义庙（乌江博物馆）、旷继勋故居、中和山观音阁、中天塔公园、白鹭洲、刘家统子民居、万圣山森林公园以及四关（大岩关、小岩关、太平、德胜关）。

思南县城—黑河峡。观赏景点包括腾龙峡、千佛洞、镇江阁、两江口古纤道、思林电站大坝、黑河峡、天生桥、小溪槽、仙人洞、犀牛洞等。

思南县城—鹦鹉溪温泉。观赏景观包括温泉、冷泉水产养殖、双龙生态园、农业观光、麻池洞、彭家洞、渐鸿塔等。

2.两日游

思南县城—万圣山—鹦鹉溪冷泉特色养殖—泡温泉。

思南县城—古建筑群—思林电站—黑河峡。

3.三日游

思南县城—黑河峡—飞龙洞—郝家湾—荆竹园。

思南县城—岩头河（之字峡）—长坝石林—四野屯—岑头盖。

思南县城—老城区古建筑群—万圣山—思林黑河峡—塘头—郝家湾。

4.四日游

思南县城—鹦鹉溪—杨家坳—青杠坡—长坝石林—文家店—荆竹园。

思南县城—古建筑群—思林电站—黑河峡—塘头—郝家湾。

5.五日游

思南县城—黑河峡—荆竹园古战场—文家店—长坝石林—青杠坡—杨家坳—鹦鹉溪。

思南县城—腾龙峡—黑河峡—青杠坡四野屯—长坝石林—文家店—荆竹园—郝家湾。

6.六日游

思南县城—思林黑河峡—青杠坡—长坝石林—文家店—荆竹园古战场—郝家湾体验民俗风情。

思南县城—思林黑河峡—郝家湾—荆竹园—文家店—长坝石林—青杠坡—杨家坳—鹦鹉溪。

四、过境及周边地区旅游线路组合

思南地理区位优势明显，东邻国家级自然保护区梵净山，西倚历史文化名城遵义，南靠泉都石阡，北顺乌江达重庆涪陵入长江。对周边旅游线路可以分析为以下几条：

舞阳河—石阡—思南

重庆（长江三峡）—沿河—思南

贵阳—遵义—思南

张家界、凤凰—梵净山—思南

购

思南县城是一座美丽的文化古镇,依山傍水,错落有致,享有"小重庆"之称,是旅游观光的好去处。思南特色产品丰富,种类繁多,为游客提供各类土特产食品,制作有"傩戏"、"花灯"、"斗笠"等具有民族风情的工艺品以及地质公园标志的胸章等供游客选购以作纪念。

思南花甜粑

用面粉的三分之一打成浆,然后用与剩下的面粉拌在一起打成团,把面粉平均分为四份,全都压制成长方形面饼,取其中三份,分别在其一面刷上粑粑红,然后重叠在一起,搓成卷,再用木尺竖着在面卷上压六道深印,均要压到中心位置,但不能把面粉压断裂,也可以自行压上所喜欢的花型,压好以后再把面卷打结实,再用剩下的面饼把面卷包起来打结实,最后放进蒸笼蒸熟,取出切开,截面就可以看见你所压制的花纹。用水煮熟后加入米酒、白糖即可食用。味道香甜可口、外形美观大方。

蚕桑

蚕桑,即养蚕与种桑,是古代农业的重要支柱。蚕丝是丝绸的基本原料,丝绸文化实际上就是蚕桑文化的高度发展成熟阶段。种桑是专为供给养蚕的,而养蚕是专为制作丝绸的。对丝绸的描述有绫、罗、绸、缎、帛、锦、绣、绮等多种概念,可见丝绸文化的高度发达。思南县蚕桑科技园成立于2009年,生产的"桑缘春"牌桑叶茶、蚕丝被、蚕沙枕、蚕茧、蚕蛹、花肥、桑叶面膜等产品远销广东、浙江、北京、上海、陕西、江西、重庆、贵阳、遵义等地。

思南塘头斗笠

斗笠,也叫篾帽,分为黄篾编织与青篾编织两种，有遮雨的、遮太阳的和戴着玩耍的三种。

其实，斗笠不仅是遮雨避阳，它还有一种装饰美、艺术美，也是一种文化。女人们编织斗笠，也是在编织生活、编织未来，给走进乌江，走进塘头的人编织一道绚丽的风景……

思南龙凤花烛

产于中国土家花灯之乡思南的龙凤花烛，是以竹、木、灯草、石蜡为主要原料，经祖传工艺，不断钻研改进精心设计而成，其设计主题是"龙游太空呈祥云，凤跚牡丹献富贵"。

这些"花烛"都是纯手工制作，看似简单，实际上做工非常繁复，一只小蝴蝶制作工序就需要八道：左右翅膀、尾巴各二道，加上身体，点上眼睛，加上穿有珠子的小弹簧做胡须，最后把加工好的另一根小弹簧穿在蝴蝶底座上，这样一只绿翅膀、红尾巴，带有玺粉花纹的彩色蝴蝶就做成了。

金银花

目前，思南县完成金银花种植面积35882亩，仅长坝民族乡就发展了金银花2万余亩。全县民族乡镇呈现了"乡乡发展金银花、山坡遍种金银花、农民爱上金银花"的可喜局面。金银花大致可分为生药、炒药、炭药三种，性味和功效亦有差别，在应用上也各有擅长。

东坡毛尖

产于贵州思南县茶场。外形细紧略卷曲，披毫隐翠，内致栗香高爽持久，滋味醇厚，汤色清澈明亮，叶底嫩绿匀整。

思南松花皮蛋

思南松花皮蛋是以优质新鲜鸭蛋为主要原料，并用地下深层龙洞水烧开以食用纯碱、石灰、食盐、红茶、草木灰为辅助材料混合制成，严格掌握季节、

而成，因为红蒜入味快，富含锌硒不易变质，所以用其制作的冰糖大蒜蒜香浓郁、咸甜适中不刺激、脆嫩可口。

傩戏面具

傩戏面具的各种艺术造型、质料选择、色彩运用、功利目的、民俗意象等，都因地域、民族、文化、审美等方面的不同而有差异。也正因为如此，傩戏面具于是更加表现得千变万化、多姿多彩。

气候、温度、时间，泡40～50天成熟，然后用沉淀的料液拌黄泥、谷壳包好，密封成为商品，保质期可达12个月。

金氏牛肉干

金氏牛肉干是思南县本地特产，采用思南土家黄牛肉为原料，运用纯物理加工方法，不增加任何食物添加汁，经过32道加工程序精制而成，其口味独特、口感舒适、营养丰富。

冰糖大蒜

采用历史悠久的优质紫皮红蒜制作

娱

> 旅游活动中的休闲娱乐，主要是指康体娱乐机构所提供的服务，同时也包含了全部旅游活动中可以给游客带来愉悦感受的景观、人物和事件等要素。思南县独具民族特色的土家花灯戏，被文化部命名为"中国民间艺术之乡"。思南傩戏则被称之为中国戏剧的活化石。

思南花灯

思南花灯形式多样，源远流长。远在1000多年以前，人民群众已经"元宵会上玩花灯"了。内容丰富，程序庞杂。传统的正灯就有盘灯、开财门、万兴事、说春等二十余种。还有反映人民群众喜庆吉祥愿望的《延春调》、歌颂男女间纯洁爱情的《五送郎》等等。就音乐方面而言，思南花灯尤其富有特点，曲调多而美，大致可分为三类。即以抒情叙事为主的，以歌舞说唱为主的，接近戏剧性的。它的另一个特点，就是它那诙谐活泼的锣鼓。它的表演（高台戏除外），常以二人转的形式出现，角色分一旦一丑或一旦二丑。丑角即男角，旦角即女角。其中《劝清军》、《门斗转》等舞蹈动作均具有代表性，连歌带舞，十分动人。目前思南花灯队伍不断壮大，许多老艺人一方面耐心辅导青年演员，一方面努力配合文化部门收集整理花灯遗产，这对花灯艺术的保存与发展做出了贡献。

思南的花灯戏和傩堂戏是黔东北土家族文艺的两朵艺术奇葩。花灯戏古朴、奇美、迷人的表演艺术形式和丰富多彩的内容，颇受各民族喜爱。

思南傩戏

思南民间傩戏，是黔东北最有特色的傩戏之一，主要有24戏，戴着面具表演，因有两千多年历史，被誉为戏剧活化石。剧目有《甘生赶考》、《秦童买猪》、《媳妇告公公》等，具有浓烈的泥土芳香，风格幽默、诙谐、风趣，深受群众喜爱。傩戏一般结合傩仪，在农历的冬腊月或正月里举行。近年来，思南对传统花灯、傩戏等民族民间文化，进行了重点挖掘整理，出版了《思南傩堂戏》、《思南土家花灯资料集》等专著，同时对傩戏给予大力扶持，积极营造其原生态，鼓励老艺人们带徒传艺。县里一些重要节庆活动也邀请傩戏艺人演出。得到政府滋润的古老傩戏艺术，又在思南县山寨里生长，现在一个傩戏班子在一个冬季能有20至50余场演出，使傩戏艺人的生存得到一定的保证，激发了他们的传承热情，这一门上连专家学者、下与田间地头百姓相接的古老艺术，正以勃勃生机,在山寨田间顽强生长。

金钱杆

也叫打莲花闹,土家传统舞蹈。由两人相互配合跳舞唱歌。这种每年春节至元宵举行的娱乐活动,是土家人民非常喜爱的民间艺术活动,世代相传,至今不衰。在唱歌跳舞时,一般是一对二人,多者四对八人,并且要有一大伙人参与击锣、打钹和帮腔,组成一个打金钱杆的队伍。活动开始时要挨家挨户以跳舞唱歌"朝贺",也有在院坝或庭院中表演的,歌声悠悠,舞姿翩翩,词调新老结合,十分有趣。小孩一大群跟着看热闹,观众人山人海,深受当地群众欢迎。金钱杆,使用金竹或紫竹配上小钱币制成。竹竿长一米左右,两头削凿穿孔,横扯、顺挂着两串小钱,形成交叉的十字架,以便舞蹈时拍打,互相冲击,产生出多种音响,与唱歌节拍韵脚合拍。杆的两端还要系上结成绣球的红绳飘带,垂吊绸须,使其伴随舞姿飞扬,别有风趣。打金钱杆者为一丑一旦。旦角多由男子装扮,女人直接扮演者极少。打金钱杆时,边打边跳边唱,男女对视表演,或一前一后,一左一右跳舞;唱歌时有大伙帮腔。打金钱杆的舞姿有"犀牛望月"、"观音坐莲"、"懒牛伸腰"、"盘地龙"、"两相好"等等。唱词内容有《十二月歌》、《祝福吉祥》、《八仙过海》、《风调雨顺》、《六畜兴旺》、《五谷丰登》、《新春大吉》、《步步高升》等,还有结合时代发展新编的歌唱新时代、好政策等的颂词。

浸泡温泉注意事项

1.不要泡得过急,即不要从水温太烫的池开始,要从水温较温和的池水开始浸泡。

2.不要泡得过热过久,即不要在烫身的池水中每次浸泡时间超过10分钟,要及时让身体上胸露出水面或离水歇息。

3.不要泡得过深,即不要在过胸的水位每次浸泡时间超过10分钟,要与较温和的池水及时交替浸泡或身体及时露出水面歇息后再浸泡。

4.温泉温度高,浸泡后会有出汗、口干、胸闷等不适感,这是血液循环过快的正常反应。此时调换凉水浸泡或离水静养稍许,并多喝水即可舒缓。

5.患有心脏病、高血压者应约伴一同浸泡,如有不适应立即出水静养。

6.饥饿时不可浸泡,因空腹易致疲劳,须饭后小睡或稍休息再行浸泡。

7.酒后须熟睡养息后才能浸泡,否则沐浴刺激血行,致使体力消耗殆尽,恐生意外。

8.长途跋涉疲劳过度,不可骤然入温泉,须稍事休息,待体力恢复后再行浸泡。

中国国家地质公园丛书编制出版编目
ZHONGGUO GUOJIA DIZHIGONGYUAN CONGSHU BIANZHI CHUBAN BIANMU

卷本编号	分册序号	国家地质公园名录
第一卷		**北京卷**
1	025	北京石花洞国家地质公园
2	036	北京延庆硅化木国家地质公园
3	062	北京十渡国家地质公园
4	166	北京密云云蒙山国家地质公园
5	175	北京平谷黄松峪国家地质公园
第二卷		**天津卷**
1	019	天津蓟县国家地质公园
第三卷		**河北卷**
1	027	河北涞源白石山国家地质公园
2	029	河北秦皇岛柳江国家地质公园
3	032	河北阜平天生桥国家地质公园
4	069	河北赞皇嶂石岩国家地质公园
5	070	河北涞水野三坡国家地质公园
6	100	河北临城国家地质公园 ■
7	108	河北武安国家地质公园
8	165	河北兴隆国家地质公园
9	170	河北迁安－迁西国家地质公园
10	192	河北邢台峡谷群国家地质公园
11	206	河北承德国家地质公园
第四卷		**山西卷**
1	030	黄河壶口瀑布国家地质公园
2	120	山西五台山国家地质公园
3	133	山西壶关峡谷国家地质公园
4	134	山西宁武冰洞国家地质公园
5	177	山西陵川王莽岭国家地质公园
6	183	山西大同火山群国家地质公园 ■
7	191	山西平顺天脊山国家地质公园
8	195	山西永和黄河蛇曲国家地质公园
第五卷		**内蒙古卷**
1	014	内蒙古克什克腾国家地质公园 ■
2	066	内蒙古阿尔山国家地质公园
3	122	内蒙古阿拉善沙漠国家地质公园
4	147	内蒙古二连浩特国家地质公园
5	159	内蒙古宁城国家地质公园
6	208	内蒙古巴彦淖尔国家地质公园
7	210	内蒙古鄂尔多斯国家地质公园
第六卷		**辽宁卷**
1	049	辽宁朝阳鸟化石国家地质公园
2	125	大连滨海国家地质公园
3	130	辽宁本溪国家地质公园
4	137	大连冰峪沟国家地质公园
第七卷		**吉林卷**
1	077	吉林靖宇火山矿泉群国家地质公园
2	140	吉林长白山火山国家地质公园
3	181	吉林乾安泥林国家地质公园
4	207	吉林抚松国家地质公园
第八卷		**黑龙江卷**
1	006	黑龙江五大连池火山地貌国家地质公园 ■
2	024	黑龙江嘉荫恐龙国家地质公园
3	083	黑龙江伊春花岗岩石林国家地质公园
4	090	黑龙江镜泊湖国家地质公园
5	127	黑龙江兴凯湖国家地质公园
6	179	黑龙江伊春小兴安岭国家地质公园
7	219	黑龙江凤凰山国家地质公园
第九卷		**上海卷**
1	138	上海崇明岛国家地质公园
第十卷		**江苏卷**
1	075	江苏苏州太湖西山国家地质公园
2	121	江苏六合国家地质公园
3	158	江苏江宁汤山方山国家地质公园
第十一卷		**浙江卷**
1	026	浙江常山国家地质公园
2	038	浙江临海国家地质公园
3	047	浙江雁荡山国家地质公园 ■
4	055	浙江新昌硅化木国家地质公园
第十二卷		**安徽卷**
1	012	安徽黄山国家地质公园 ■
2	028	安徽齐云山国家地质公园
3	035	安徽浮山国家地质公园
4	041	安徽淮南八公山国家地质公园
5	060	安徽祁门牯牛降国家地质公园
6	089	安徽天柱山国家地质公园
7	092	安徽大别山（六安）国家地质公园
8	145	安徽池州九华山国家地质公园
9	182	安徽凤阳韭山国家地质公园 ■
10	198	安徽广德太极洞国家地质公园
11	200	安徽丫山国家地质公园
第十三卷		**福建卷**
1	008	福建漳州滨海火山地貌国家地质公园
2	021	福建大金湖国家地质公园 ■
3	058	福建晋江深沪湾国家地质公园
4	067	福建福鼎太姥山国家地质公园
5	078	福建宁化天鹅洞群国家地质公园
6	091	福建德化石牛山国家地质公园
7	096	福建屏南白水洋国家地质公园
8	103	福建永安国家地质公园
9	149	福建连城冠豸山国家地质公园

卷本编号	分册序号	国家地质公园名录
10	167	福建白云山国家地质公园
11	194	福建平和灵通山国家地质公园
12	197	福建政和佛子山国家地质公园

第十四卷　江西卷

1	004	江西庐山第四纪冰川国家地质公园
2	011	江西龙虎山丹霞地貌国家地质公园
3	102	江西三清山国家地质公园
4	124	江西武功山国家地质公园

第十五卷　山东卷

1	018	山东山旺国家地质公园
2	034	山东枣庄熊耳山国家地质公园
3	079	山东东营黄河三角洲国家地质公园
4	086	山东泰山国家地质公园
5	101	山东沂蒙山国家地质公园
6	114	山东长山列岛国家地质公园
7	144	山东诸城恐龙国家地质公园
8	164	山东青州国家地质公园
9	185	山东莱阳白垩纪国家地质公园
10	202	山东沂源鲁山国家地质公园

第十六卷　河南卷

1	003	河南嵩山地层构造国家地质公园
2	022	河南焦作云台山国家地质公园
3	037	河南内乡宝天幔国家地质公园
4	045	河南王屋山国家地质公园
5	051	河南西峡伏牛山国家地质公园
6	054	河南嵖岈山国家地质公园
7	088	河南郑州黄河国家地质公园
8	099	河南关山国家地质公园
9	107	河南洛宁神灵寨国家地质公园
10	110	河南洛阳黛眉山国家地质公园
11	117	河南信阳金刚台国家地质公园
12	173	河南小秦岭国家地质公园
13	176	河南红旗渠—林虑山国家地质公园
14	211	河南汝阳恐龙国家地质公园
15	214	河南尧山国家地质公园

第十七卷　湖北卷

1	073	长江三峡国家地质公园（湖北）
2	104	湖北神农架国家地质公园
3	132	湖北木兰山国家地质公园
4	136	湖北郧县恐龙蛋化石群国家地质公园
5	143	湖北武当山国家地质公园
6	171	湖北黄冈大别山国家地质公园
7	203	湖北五峰国家地质公园
8	213	湖北咸宁九宫山—温泉国家地质公园

第十八卷　湖南卷

卷本编号	分册序号	国家地质公园名录
1	002	湖南张家界砂岩峰林国家地质公园
2	042	湖南郴州飞天山国家地质公园
3	043	湖南崀山国家地质公园
4	098	湖南凤凰国家地质公园
5	118	湖南古丈红石林国家地质公园
6	126	湖南酒埠江国家地质公园
7	154	湖南乌龙山国家地质公园
8	169	湖南湄江国家地质公园
9	196	湖南平江石牛寨国家地质公园
10	218	湖南浏阳大围山国家地质公园

第十九卷　广东卷

1	016	广东丹霞山国家地质公园
2	031	广东湛江湖光岩国家地质公园
3	081	广东佛山西樵山国家地质公园
4	085	广东阳春凌霄岩国家地质公园
5	093	广东深圳大鹏半岛国家地质公园
6	097	广东封开国家地质公园
7	135	广东恩平地热国家地质公园
8	168	广东阳山国家地质公园

第二十卷　广西卷

1	044	广西资源国家地质公园
2	050	广西百色乐业大石围天坑群国家地质公园
3	053	广西北海涠洲岛火山国家地质公园
4	106	广西凤山岩溶国家地质公园
5	123	广西鹿寨香桥岩溶国家地质公园
6	156	广西大化七百弄国家地质公园
7	163	广西桂平国家地质公园
8	189	广西宜州水上石林国家地质公园
9	199	广西浦北五皇山国家地质公园

第二十一卷　海南卷

1	074	海南海口石山火山群国家地质公园

第二十二卷　重庆卷

1	065	重庆武隆岩溶国家地质公园
2	073	长江三峡国家地质公园（重庆）
3	084	重庆黔江小南海国家地质公园
4	131	重庆云阳龙缸国家地质公园
5	160	重庆万盛国家地质公园
6	178	重庆綦江木化石-恐龙国家地质公园
7	209	重庆酉阳国家地质公园

第二十三卷　四川卷

1	007	四川自贡恐龙古生物国家地质公园
2	010	四川龙门山构造地质公园
3	017	四川海螺沟国家地质公园
4	020	四川大渡河峡谷国家地质公园
5	033	四川安县生物礁国家地质公园

中国国家地质公园丛书编制出版编目
ZHONGGUO GUOJIA DIZHIGONGYUAN CONGSHU BIANZHI CHUBAN BIANMU

卷本编号	分册序号	国家地质公园名录
6	046	四川九寨沟国家地质公园
7	048	四川黄龙国家地质公园
8	064	四川兴文石海国家地质公园 ■
9	094	四川射洪硅化木国家地质公园
10	095	四川姑娘山国家地质公园
11	113	四川华蓥山国家地质公园
12	119	四川江油国家地质公园
13	152	四川大巴山国家地质公园
14	157	四川光雾山—诺水河国家地质公园
15	212	四川青川地震遗迹国家地质公园
16	216	四川绵竹清平—汉旺国家地质公园

第二十四卷　贵州卷

1	052	贵州关岭化石群国家地质公园
2	063	贵州兴义国家地质公园
3	080	贵州织金洞国家地质公园
4	082	贵州绥阳双河洞国家地质公园
5	115	贵州六盘水乌蒙山国家地质公园
6	128	贵州平塘国家地质公园
7	150	贵州黔东南苗岭国家地质公园
8	153	贵州思南乌江喀斯特国家地质公园 ■
9	204	贵州赤水丹霞国家地质公园 ■

第二十五卷　云南卷

1	001	云南石林岩溶峰林国家地质公园 ■
2	005	云南澄江动物群古生物国家地质公园
3	015	云南腾冲火山国家地质公园
4	056	云南禄丰恐龙国家地质公园
5	059	云南玉龙黎明—老君山国家地质公园
6	087	云南大理苍山国家地质公园
7	141	云南丽江玉龙雪山冰川国家地质公园
8	146	云南九乡峡谷洞穴国家地质公园
9	184	云南罗平生物群国家地质公园
10	188	云南泸西阿庐国家地质公园

第二十六卷　西藏卷

1	040	西藏易贡国家地质公园
2	129	西藏札达土林国家地质公园
3	161	西藏羊八井国家地质公园

第二十七卷　陕西卷

1	009	陕西翠华山山崩地质灾害国家地质公园

卷本编号	分册序号	国家地质公园名录
2	030	黄河壶口瀑布国家地质公园
3	039	陕西洛川黄土国家地质公园
4	111	陕西延川黄河蛇曲国家地质公园
5	162	陕西商南金丝峡国家地质公园
6	180	陕西岚皋南宫山国家地质公园
7	193	陕西柞水溶洞国家地质公园
8	215	陕西耀州照金丹霞国家地质公园

第二十八卷　甘肃卷

1	013	甘肃敦煌雅丹国家地质公园
2	023	甘肃刘家峡恐龙国家地质公园
3	061	甘肃景泰黄河石林国家地质公园
4	071	甘肃平凉崆峒山国家地质公园
5	155	甘肃和政古生物化石国家地质公园
6	172	甘肃天水麦积山国家地质公园
7	190	甘肃炳灵国家地质公园
8	201	甘肃张掖国家地质公园

第二十九卷　青海卷

1	068	青海尖扎坎布拉国家地质公园
2	105	青海久治年宝玉则国家地质公园
3	112	青海格尔木昆仑山国家地质公园
4	116	青海互助嘉定国家地质公园
5	174	青海贵德国家地质公园
6	205	青海青海湖国家地质公园
7	217	青海玛沁阿尼玛卿山国家地质公园

第三十卷　宁夏卷

1	076	宁夏西吉火石寨国家地质公园
2	151	宁夏灵武国家地质公园

第三十一卷　新疆卷

1	057	新疆布尔津喀纳斯湖国家地质公园
2	072	新疆奇台硅化木—恐龙国家地质公园
3	109	新疆富蕴可可托海国家地质公园
4	142	新疆天山天池国家地质公园
5	148	新疆库车大峡谷国家地质公园
6	186	新疆吐鲁番火焰山国家地质公园
7	187	新疆温宿盐丘国家地质公园

第三十二卷　香港卷

1	139	香港国家地质公园

注：① 《中国国家地质公园丛书》分册编目序号，按照国土资源部公布的各批国家地质公园名录顺序编列。该序号为该公园专用号；
② 《中国国家地质公园丛书》卷本编号按中国地图集各省(市、区)排序编列；
③ 本编目截至2011年12月30日国土资源部公布的第六批国家地质公园资格；
④ ■ 为已出版书目。